中国旅游蓝皮书系列

中国休闲度假大会
蓝皮书

（2021）

ZHONGGUOXIUXIANDUJIADAHUILANPISHU

中国旅游协会休闲度假分会◎主编

中国旅游出版社

目 录

蓝皮书

致辞篇

在 2021 中国休闲度假大会上的致辞

东营市委副书记、市长　陈必昌

尊敬的各位领导、各位嘉宾，同志们、朋友们：

大家好！

在这万木竞秀、姹紫嫣红的美好时节，来自全国各地旅游界的精英人士、专家学者相聚在美丽的黄河入海口，共同参加 2021 中国休闲度假大会，畅叙情谊、共商发展、共谋合作。在此，我代表东营市委、市政府表示热烈的欢迎，对大家长期以来给予东营的关心支持表示衷心的感谢！

渤海之滨，大河之洲。东营是黄河三角洲中心城市、黄河入海口城市，于 1983 年建市，面积 8243 平方公里，人口 219 万。东营美丽、开放、包容，文化底蕴深厚，区位优势明显，产业特色鲜明，人居环境良好，被评为首批国际湿地城市、全国文明城市、中国优秀旅游城市、国家生态园林城市。

河与海的深情相拥，孕育了美丽神奇的黄河三角洲，形成了壮美瑰丽的黄龙入海、河海交汇奇观，造就了东营独特的旅游资源。这里文化悠久灿烂，有着 8000 多年的人居历史和 5000 多年的文明史，中国古代军事家孙武在这里诞生，中国八大戏曲剧种之一的吕剧在这里发源，是中国四大毛笔之一齐笔的重要产地。1925 年建立的中共刘集支部是山东省最早的农村党支部之一，保存着全国最早的《共产党宣言》中文译本。胜利油田 50 多年的开发建设，形成了丰富的石油工业景观。黄河文化、红色文化、兵家文化、石油文化、海洋文化、移民文化融合交汇，构成了东营特有的精神文脉。这里湿地特色鲜明，全市湿地面积 4580 平方公里、湿地率 41.58%。1530 平方公里的黄河三角洲国家级自然保护区是中国暖温带最完整、最广阔、最年轻的湿地生态系统，区内野生动物达1627种、野生植物393种，每年有以丹顶鹤、东方白鹳等国家一级重点保护鸟类为代表的600余万只鸟类在这里越冬、栖息和繁殖，有“鸟类国际机场”的美誉。城市湿地星罗棋布，景观大道串联生态公园、街头游园连接居住小区，“蓝绿交织、清新明亮，湿地在城中、城在湿地中”，身临其境，方知别有洞天。这里休闲游资源丰富，全市A级景区67家，其中黄河口生态旅游区为国家5A级旅游景区；旅行社91家，星级饭店24家。地热水储量3447亿立方米，被命名为“中国温泉之城”。海岸线长413公里，滩涂和浅海近6000平方公里，临河靠海的绝佳生态环境孕育了黄河口系列名优特产，大闸蟹、滩羊、黄河刀鱼、东方对虾等特色美食数不胜数。这里交通运输便利。东营已经成为环渤海地区重要节点城市和京津冀协同发展城市，东营港是国家一类开放口岸，正在打造亿吨大港；胜利机场是国产大飞机试飞专用机场，开通了至北京、上海、广州等25个城市的航线航班，正在打造东西、南北中转枢纽机场；经过东营的京沪高铁二通道2021年开工。每一位到东营的宾朋，都会切身感受到生态之美、生活之美、生命之美。

当前，黄河流域生态保护和高质量发展上升为重大国家战略。作为黄河入海口城市，我们聚焦“打造黄河入海文化旅游目的地”的目标，谋划了黄河入海文化旅游目的地、黄河流域文化交流展示区、国际湿地生态保护典范城、区域都市休闲示范区、特色文化旅游产业先行区五个旅游发展定位，全力推动生态、文化、旅游相互促进、相互融合。工作中，坚持在发展中保护、在保护中发展，以加快建设黄河口国家公园为龙头，全面提升生态环境，聚力突破文化旅游产业，成功创建为国家公共文化服务体系示范区。2020年，全市接待游客1338.3万人次，同比恢复66.3%，实现旅游总收入120.7亿元，同比恢复58.7%，恢复幅度位居山东省前列。

人与自然是生命共同体，在新冠肺炎疫情常态化防控背景下，以生态、自然为主题的休闲度假产品成为旅游热点。我们规划了“两区、两线、多点、全域”的旅游空间布局，围绕打响“黄河入海、我们回家”旅游品牌，正在实施金湖银河文旅小镇、天鹅湖湿地、广利河旅游提升工程等一批重点项目，突出打造黄河入海奇观游、湿地城市生态游、黄河文化研学游、兵圣文化体验游等一系列休闲度假线路，努力讲好新时代黄河故事，把东营打造成为大江大河三角洲文明的标志地。

今天，中国休闲度假大会在东营召开，为我们搭建了一个宣传推介和互动交流的开放平台，为东营文旅产业发展创造了一次难得的学习交流机会。真诚希望各位领导、各位嘉宾以本次大会为契机，进一步加深对东营的了解，架起合作的桥梁，携手谱写休闲度假产业美好未来。

“黄河入海蕴奇观，百鸟翔游水云间。红毯迎宾画漫卷，芦花飞雪落九天。”欢迎各位领导、各位嘉宾在闲暇之余多到东营来，领略河海交汇的神奇壮美，一探广袤湿地的自然野趣，体验历史文化的绚烂多姿，感受湿地城市的生机活力！

祝 2021 中国休闲度假大会圆满成功！

祝各位领导、各位来宾身体健康，万事如意！

谢谢大家！

在 2021 中国休闲度假大会上的致辞

中国旅游协会会长　段　强

尊敬的张卫国会长，尊敬的吴科锋副司长，尊敬的王磊厅长，尊敬的陈必昌市长，尊敬的各位领导、各位来宾：

很高兴与各位朋友在“黄河入海，我们回家”的山东东营共同参加 2021 中国休闲度假大会。2021 年是一个具有特别意义的年份，是伟大的中国共产党成立 100 周年，是我们抗击新冠肺炎疫情取得决定性战略成果的关键一年，是我国开启全面建设社会主义现代化国家新征程、向第二个百年目标进军的“十四五”开局之年。作为本次大会的主办方，首先请允许我代表中国旅游协会，对出席大会的各位嘉宾表示热烈的欢迎；对各位嘉宾一直以来对中国旅游协会的关注和支持，表示衷心的感谢！

当前我国已经取得了抗击新冠肺炎疫情的重大战略成果，但新冠肺炎疫情依旧在全球肆虐，深刻警醒人类该如何与自然相处。2020 年 9 月 30 日，习近平总书记在联合国生物多样性峰会上强调：“新冠肺炎疫情告诉我们，人与自然是命运共同体。我们要同心协力，抓紧行动，在发展中保护，在保护中发展，共建万物和谐的美丽家园。”新冠肺炎疫情的实质是人与自然关系的割裂和异化，疫情的彻底解决必然要求我们全面发展人与自然的和谐关系，推动我们靠近自然、回归自然，与自然命运一体。休闲度假产业作为典型的生态友好型产业，是连接人与自然，构建人与自然命运共同体的重要路径，休闲度假产业必将在推动世界生态文明建设、实现生态环境可持续性发展、构建人与自然命运共同体上扮演重要角色和发挥独特作用。

“十四五”时期是我国全面建设文化强国的新发展阶段。党的十九届五中全会作出《中共中央关于制定国民经济和社会发展第十四个五年规划和二〇三五年远景目标的建议》，把文化建设摆在突出位置，确立了到2035年建成文化强国的远景目标，并明确提出，建设一批富有文化底蕴的世界级旅游景区和度假区，打造一批文化特色鲜明的国家级旅游休闲城市和街区。众所周知，休闲是文化的基础，是人类文明之源。休闲度假产业先天具有的促进文化传承发展的功能，将为我国实现建设文化强国目标提供有效支撑，一批富有文化底蕴的世界级度假区和文化特色鲜明的国家级旅游休闲城市、街区的建设打造，将成为我国文化强国建设的重要载体和工作抓手。

各位来宾、各位朋友：黄河流域生态保护和高质量发展已经成为重大国家战略。习近平总书记多次强调指出，黄河是中华民族的母亲河，要保护、传承、弘扬黄河文化。为推进黄河流域休闲度假产业发展提供了遵循、指明了方向。东营休闲度假产业迎来了跨越式发展的重大历史机遇。本次休闲度假大会将以东营为样本，紧密围绕“挖掘休闲内循环，推进文旅大循环”这一核心主题，对“十四五”时期休闲度假产业该如何高质量发展、市场升级调整后相关企业该如何应对、休闲城市该如何精准定位发展方向等一系列问题进行研讨。

各位来宾、各位朋友：中国旅游协会一直高度重视休闲度假产业的发展，全力推动休闲度假产业高质量发展，助力构建国内大循环为主体、国内国际双循环相互促进的发展新格局，全面促进文化和旅游工作开创“十四五”新局面。

“黄河入海，我们回家，休闲崛起，东营腾飞”。最后，预祝本次中国休闲度假大会取得圆满成功。

谢谢大家！

在 2021 中国休闲度假大会上的致辞

文化和旅游部资源开发司副司长　吴科锋

尊敬的段强会长、张卫国会长、王磊厅长，尊敬的各位领导、各位来宾，女士们、先生们：

大家上午好！

非常高兴与大家相聚山东东营，共同出席 2021 中国休闲度假大会。我谨代表文化和旅游部资源开发司，对大会召开表示热烈祝贺，对参加大会的各界朋友表示热烈欢迎！

近年来，休闲度假产业的发展，彰显出我国经济社会发展、人民生活富足、居民自由时间增多的巨大成果，体现了人们对放松身心、获取知识、实现自我成长的美好追求。大众旅游时代，旅游休闲已成为衡量生活水平的重要标志。积极发展休闲度假产业，满足人民对美好生活的需要，对推动旅游产业发展更好融入新发展格局具有重要意义。

随着居民消费结构逐步升级，国民旅游需求日益旺盛，休闲度假产业发展势头迅猛。一是休闲业态不断丰富，冰雪旅游、山地旅游、温泉旅游、康养旅游、邮轮旅游、乡村旅游、自驾旅游等休闲业态迅速发展，极大丰富了市场供给。二是品牌效应更加突出，以国家级旅游度假区为代表的优质产品和服务供给持续增加。目前，我国已有 45 个国家级旅游度假区，省级旅游度假区已超过 500 个。三是市场消费强劲，周末和假期出游成为生活常态，文化、体育、生态、工业、农业、特色乡村和城镇等休闲度假消费成为旅游经济的重要增长点。据测算，2021 年，全国各类旅游度假区接待游客将超过 16 亿人次，旅游收入将超过 6500 亿元。

山东是旅游大省，休闲度假资源丰富，在全国45个国家级旅游度假区中，山东有4家。东营市积极推动将文化旅游发展成为富裕东营的支柱产业、幸福东营的惠民产业和宜居东营的生态产业，黄河口国家生态旅游示范区更是生态休闲目的地的重要代表。本届大会在东营召开，对于增进行业交流合作、推动休闲度假产业新发展具有积极意义。

在此，我提几点建议，供业界各位朋友参考。

一是抓住休闲度假发展的良好契机。国民经济和社会发展第十四个五年规划明确提出，要建设一批富有文化底蕴的世界级旅游度假区，打造一批文化特色鲜明的国家级旅游休闲城市和休闲街区。前不久，习近平总书记在桂林考察时提出，要打造世界级旅游城市。这是在高质量发展新时代，中央对休闲度假产业发展提出的新要求，为休闲度假的发展提供了新的契机。我们要紧紧围绕贯彻落实“十四五”规划纲要提出的任务，找准度假休闲工作方向，不断优化消费环境，丰富高品质产品供给，推动休闲度假产业高质量发展。

二是加大休闲度假产品的宣传力度。好的产品，也需要好的宣传。我们要运用好宣传营销手段，积极培育消费市场，塑造品牌形象，引领休闲度假消费新时尚。要加大对休闲度假新产品、新业态的宣传，推动供需有效对接，激发市场消费潜力。要积极塑造以国家级旅游度假区为代表的休闲度假品牌形象，全面提升休闲度假产品的知名度和影响力，对游客要加强消费引导，培养科学健康的消费新理念，促进旅游消费转型升级，为度假休闲产业新发展营造良好的氛围。

三是支持休闲度假企业的创新发展。企业是产品创新和市场拓展的重要主体，是满足广大游客需求的关键环节。要着眼于人民群众个性化、多元化的旅游消费需求，强化政策引领，推动旅游企业深入挖掘休闲度假资源，丰富产品业态。要通过标准引领，推动企业加强科技创新，不断提升旅游管理和服务水平。新冠肺炎疫情给企业造成了损失，各地要有针对性地推出纾困政策，帮助企业走出低谷期，进一步激发企业经营活力，为休闲度假产业可持续发展提供保障。

四是充分发挥行业协会的重要作用。行业协会连接着政府、学界和业界，在贯彻落实中央方针政策、构建公平竞争发展环境、促进产业健康可持续发展方面发挥着重要作用。中国旅游协会积极发挥自身优势，连续多年举办休闲度假大会，为行业交流搭建了良好平台，为推进休闲度假产业高质量发展做出了积极贡献。未来，我们要进一步发挥行业协会在资源对接、行业自律、专业研究、人才培养等方面的优势，推动行业协会更好地为度假休闲高质量发展做出贡献。

五是统筹休闲度假产业发展与安全。没有安全就没有旅游，没有安全就没有休闲度假产业发展。安全包括防疫、意识形态、生产、生态等内容。在推动度假休闲产业发展过程中，必须坚持人民至上、生命至上，坚守安全这条底线。要通过产业发展，践行绿水青山就是金山银山的发展理念。要不断提升休闲度假产品的文化内涵，让休闲度假产业发展更好地传承优秀文化，增强人民精神的力量。

端午假期即将到来，全国将迎来旅游出行的小高峰，对旅游行业既是机遇，也是考验。希望旅游业界各位同人，提前谋划部署，按照“限量、预约、错峰”的总体要求，持续推进门票预约制度，加强限量错峰管理，推动端午假期旅游市场平稳、健康、有序。

祝本次大会圆满成功！谢谢大家！

在 2021 中国休闲度假大会上的致辞

山东省文化和旅游厅厅长　王　磊

尊敬的段强会长、张卫国会长、吴科锋副司长、陈必昌市长，各位领导、各位专家，女士们、先生们、朋友们：

大家上午好！

五月的黄河口生机盎然、如诗如画，今天的东营高朋满座、大咖云集。我们欢聚一堂，共同举办 2021 休闲度假大会，这是文化旅游行业的一件大事、盛事和喜事。在此，我谨代表山东省文化和旅游厅，对本次大会的举办表示热烈的祝贺！对远道而来出席本次活动的各位领导、各位专家表示热烈的欢迎，对长期以来关心、支持山东文化和旅游工作的东营市以及社会各界朋友表示衷心的感谢！

党的十九届五中全会提出，要加快构建以国内大循环为主体、国内国际双循环相互促进的新发展格局。文化和旅游业涉及面广、带动性强、开放度高，具有“一业兴百业旺”的乘数效应，是促进国民经济增长、构建新发展格局的重要引擎。受新冠肺炎疫情影响，旅游业遭受巨大冲击，人们的出游意愿、消费方式、消费内容、消费习惯等都发生了很大变化，安全、品质、数字化、近程、自驾、融合成为旅游的关键词，休闲度假产业迎来重大发展机遇。当前，山东文旅战线正在加快推进文化旅游产品创新、服务创新、管理创新，通过加强智慧化建设、培育新业态、探索新模式、实施消费促进行动等，进一步拓展文旅消费空间、释放文旅消费潜力，这为休闲度假产业发展打下了坚实的基础。去年，我们成功举办 2020 山东省旅游发展大会暨首届中国国际文化旅游博览会，38 个国家和地区的友好宾朋，跨越空间阻隔，相约线上交流，段强会长也出席会议并致辞。旅发大会的成功举办，进一步打响了“好客山东”品牌，开启了山东文化旅游高质量发展的新征程，也为推介山东休闲度假产业唱出了“好声音”，提供了“大流量”。

东营文化厚重、资源丰富，既是黄河入海地，也是山东最早的农村党支部所在地、胜利油田崛起地、中国古代著名军事家孙武的诞生地、全国八大剧种之一的吕剧发源地。东营市委、市政府对文化和旅游工作高度重视，将其作为重要支柱产业，高点定位、全域谋划，依托河海交汇、新生湿地、野生鸟类三大世界级旅游资源，全力打响“黄河入海、我们回家”文化旅游品牌，黄河口生态旅游区成功创建为国家5A级旅游景区，黄河入海口正在成为休闲度假旅游的重要目的地。这次，东营市举办全国休闲度假大会，既是立足自身资源禀赋、推动旅游业高质量发展的转型良策，也是站位新发展阶段、贯彻新发展理念、助力构建新发展格局的有益探索。是“文化强省”建设背景下东营担当、东营责任的生动体现，必将为山东文化旅游高质量发展写下浓墨重彩的一笔。

推动休闲度假产业创新发展是一个重要课题。这次大会为专家学者相互交流搭建了平台，也为我们聆听前沿思想提供了机会。衷心希望各位专家倾囊相授、不吝赐教，充分发表高见，多多为东营发展、山东发展建言献策。省文化和旅游厅将一如既往地重视加强与中国旅游协会、世界旅游城市联合会、全国休闲标准化技术委员会等行业组织的合作，拿出最大的诚意，以最优的服务欢迎各协会在山东召开会议、举办活动；一如既往地支持“黄河入海”文化旅游目的地建设，通过多种形式宣传推介东营以及各市丰富的文化旅游资源；一如既往地欢迎各类旅游企业、客商来山东投资兴业，共享山东文旅产业、休闲度假产业发展成果。

最后，预祝本次大会圆满成功，祝东营发展越来越好，祝各位来宾身体健康、工作顺利、万事顺意！

谢谢大家！

在 2021 中国休闲度假大会上的致辞

全国休闲标准化技术委员会主任委员　张灵光

尊敬的各位领导、各位嘉宾、各位朋友：

大家好！

2021 中国休闲度假大会的召开，吸引了社会的关注。人们的关注点，聚焦于休闲，当然也聚焦于这个标志性的活动。休闲，是权利，是义务，是生活，与每个人息息相关。

我回想起组建休闲标准化技术委员会的时候，无论是政府管理部门，还是媒体和公众，都在问这几个问题：什么是休闲？包括哪些行业？与旅游有什么区别？我们的委员和专家，每次会议都要对此进行界定、分析和解释。

当然，这是以前。现在，我们盼望还有人来问这些问题。毕竟时代变了、环境变了，我们对休闲有了新的理解，有了新的判断。休闲也有了新的内涵和外延。我们做好了准备。但是，没有人来问了。

就像互联网时代、知识经济、小康社会等词汇一样，休闲已经不再是一个问题，不再是一个新兴的、不确定的、大家都在摸索的新领域，而是一个日常的、必然的、你我都离不开的正常伙伴。

我还清晰记得，十年前研制城市中央休闲区的标准，七年前研制休闲露营地标准，我们要参照欧美的案例、借鉴欧美的标准，要研究 20 世纪 80 年代的美国、日本，以判断 21 世纪 20 年代的中国。

短短十年过去，我们自己走在了前面，从研究别人变成了别人的研究目标。我是共和国的同龄人，回望过去，十分感慨，我们努力活成了自己曾经最“讨厌”的样子。

毫无疑问，这是一个我们乐于活成的那个“讨厌”的样子。这个状态下，休闲不再是新鲜词汇，不再是新兴产业，不再是什么趋势或者目标。休闲，就是新时代的一个新常态。

在这个新常态下，在全球新冠肺炎疫情还在此起彼伏的状态下，我们今天能够享受休闲、研讨休闲，无疑是美好的。我相信，在地球上的大多数地方，此时谈论休闲都是不合时宜的。但是，中国可以。

我们有力防控疫情，努力推动大循环，全力开动内循环。休闲，就是内循环。但是休闲并不是天然的内循环。如果要它能循环起来，那它必须是美好的。现在，它的状态还不是美好的，或者说还不完美。

刚刚过去的“五一”假期，从总体指标上看，旅游、交通、商业、餐饮、文化娱乐，恢复势头都非常好，有些领域甚至超过了 2019 年同期。年年岁岁花相似，岁岁年年人不同。但我们看今年的“五一”，几乎就是 2019 年以及之前诸多“五一”的翻版。路上照旧堵车，景区依然看人。很多人高兴，毕竟黄金周又回来了。很多人担心，因为黄金周又回来了。人们高兴的和担心的，是同一件事。

为什么？因为疫情还在我们的院墙之外肆虐。我们还没有找到假如再有疫情不必封城封路、不必停止流动的“法宝”。当然，我们已经感觉到，这个“法宝”已经就在眼前，触手可及了。所以，“五一”前，大家的心吊在嗓子眼，祈祷千万不要有疫情；“五一”后，所有人都松了一口气。那么，暑期呢？十一呢？明年呢？

当前以及今后，我们将与病毒共存。这是国际国内普遍达成的一个共识。人们在努力对抗病毒的同时，也要调整自身，适应变化。但客观地说，现在的旅游方式和休闲活动，还不能适应常态化防控的要求。如果不能适应，那就面临随时刹车的风险。

在疫情之中，我们怀念正常状态下的休闲的美好。疫情得到有效防控后，很多业界人士非常理性地提出，恢复是重中之重，但不能是复制粘贴再来一遍。古人说：夫战，勇气也；一鼓作气，再而衰，三而竭。在大地震之后，重建就是在更高的规格上建设，只有彻底提高抗风险能力，之前付出的巨大代价才不会白付。

幸福都是奋斗出来的。中国已经是世界第二大经济体，取得了脱贫攻坚战的全面胜利，在内外双循环驱动下，正在进入新的发展阶段。幸福生活包括休闲。幸福生活需要休闲。但需要的是积极、健康、安全、抗风险、可持续的休闲。

我们要提出这样一种美好的休闲，通过前瞻性研究，通过标准化工作，通过广泛的协作与创新，推动休闲服务、休闲产品，适应疫情防控的需要，提高人们抵抗病毒的能力，在不确定的环境下成为最为确定的积极因素。这是理念的转变，也是管理和服务模式的转变。

休闲，是一个综合的社会系统。在此，全国休闲标准化技术委员会呼吁，尤其是以休闲为重要功能导向的城市，从供给管理、需求管理、质量管理等方面入手，催生乃至创造一个更加美好、更加持续、更能抗风险的休闲。

在2021中国休闲度假大会上的致辞

世界旅游城市联合会常务副秘书长　李宝春

尊敬的陈市长、段会长、张会长、吴司长、王厅长、张主任、各位嘉宾：

大家上午好！

很荣幸来到美丽的山东东营，参加此次2021中国休闲度假大会。首先，作为支持单位，我代表世界旅游城市联合会对这次大会的成功举办表示热烈的祝贺！

世界旅游城市联合会是世界上第一个以旅游城市为主体的全球性国际旅游组织，现有会员223个，包括75个国家和地区的148个城市成员和75个机构成员，以及6个分支机构，覆盖专家、民航、旅游相关企业、媒体、邮轮和投资六大领域。我们秉承"旅游，让城市生活更美好"的宗旨，致力于提高旅游城市作为国际目的地的吸引力，提升旅游城市的品牌形象，积极促进成员之间的交流与合作，促进旅游业的可持续增长。

为了更好地推动和引领世界旅游城市的发展，世界旅游城市联合会每年都会开展各类前沿性、热点性的行业研究。2021年3月，联合会发布了《世界旅游经济趋势报告》，我们预计，2021年全球旅游总人数将达95.45亿人次，同比增长31.1%，全球旅游总收入将恢复至4.50万亿美元，同比增长53.9%，分别达到2019年的77.7%和75.6%，国内旅游将贡献绝大部分旅游经济。

旅游业是极富韧性的综合性产业。此次疫情没有改变人们对旅游的热爱，反而催生了旅游新模式、新需求。随着疫苗接种率的提升，世界人民热爱自由、探索新世界的旅游热情将再一次被激活。我们认为后疫情时代，旅游业发展将呈现以下四个特点。

一是旅游市场需求更加内向化。国内旅游业将成为各国旅游业率先恢复的领域。在这一进程中，长距离观光游向中短距离度假转变，低频次跨区域旅游向高频次城市周边休闲转变，高密度“扎堆”式旅游向低密度闲适放松转变，走马观花式旅游向自然和文化深度体验转变，旅游发展也因此呈现出更多休闲化特征。

二是旅游产业形态更加多元。越来越多的游客选择自驾车出游、户外运动体育旅游、家庭出游等新兴方式。

三是旅游变革进程更加明显。伴随新兴技术的加速发展，旅游正在成为新技术运用的重要场景，机器人技术、大数据技术、虚拟现实技术、智慧旅游技术让旅游更加便捷、高效、可触达。

四是旅游发展协作更加迫切。在旅游活动去中心化的同时，旅游发展的协作变得更为重要。在此方面，世界旅游城市联合会愿意与行业一起共克时艰，为旅游业的转型发展贡献力量。

可见，国内市场成为支撑旅游业发展的重要基石，旅游发展将会呈现出更多休闲化特征，也给一些新兴旅游业态带来发展契机。目前，我国国内休闲旅游占整个旅游的比重仅为20%左右，远低于旅游发达国家50%左右的比重；但是，随着中国经济的发展和人民生活方式的转变，休闲旅游在整个国民经济中的比重也将日益增长。2021年“五一”黄金周期间，我国自驾出行热度同比上升51%。可见，在疫情的新常态下，旅游业国内大循环已呈现出良好态势，国民的出游消费需求不仅没有减少，反而因疫情得到控制进一步激发，也为整个旅游业的复苏注入了强心剂。

在此背景下，在东营市举办此次休闲大会显得更加任重而道远。东营市是黄河三角洲中心城市，也是落实黄河流域生态保护和高质量发展的国家战略的关键城市。我相信，此次休闲大会的召开，将有力助推东营市实现“旅游富民”和“打造黄河入海文化旅游目的地”，同时为我国休闲度假产业创新和可持续带来更多新的思路和方向，凝聚休闲旅游业发展的新力量，开启休闲旅游业振兴的新进程。

“雪融冬去春来早，又见满山桃花红。”最后，预祝此次大会圆满成功！

蓝皮书

演讲篇

中国旅游发展新趋势

北京交通大学旅游管理系教授、文化和旅游部“十四五”规划专家委员会委员、世界旅游城市联合会专家委员会副主任　张　辉

很高兴来到东营，我也是山东人，所以算回家了，刚才听了魏老师的演讲，确实为下一步中国旅游发展提出了一些宏观的思考，今天我就结合中国旅游发展、结合中国经济形势谈一谈未来中国旅游朝何处走。

大家知道，这次疫情对中国经济乃至世界经济、对中国旅游乃至世界旅游都产生了重大影响，这种影响我们很难去参照，如魏老师谈到和2003年“非典”疫情去比较，因为那是很特殊的现象，但是我们在世界历史上有一次大的疫情，就是中世纪欧洲的黑死病，持续了六年时间，死亡人数达2500万人，导致社会出现了两个重大的变化：一是欧洲的封建制解体，二是欧洲的文艺复兴。这次疫情我们无法去假设，到底是自然界对人类社会发展方式的一个警告？还是整个世界格局的一个偶然变化？这两个都可以通过实证去验证它的存在。由于时间关系，我就不展开了。因此，这次疫情对世界旅游，特别是中国旅游而言，会出现一个重要的关键词——重构。也就是说，面对疫情的发展，中国旅游业40多年的变化，会不会有一个发生在基本面上的变化？我想这次疫情会改变人们对旅游产品的认识、对旅游开发方式的认识、对旅游形态的认识，再加上我们进入了一个旅游的新时代，如大众化旅游时代、高速交通旅游时代、人口老龄化时代、共享经济时代、大数据时代等的结合，所以未来的中国旅游业必将进入重构发展阶段。对重构发展阶段来说，中国旅游业会出现一些新的趋势，而对这样趋势的认识会对下一步中国旅游业发展方向产生重要的影响。

第一个趋势，大众化旅游时代，大众化旅游发展的新趋势。我们说大众化实际上不是指旅游需求规模的大众化，如果从需求规模来讲，中国2019年国内旅游人数达到60亿人次，这个规模已经很大了，我们不能通过这样的数据、这样的需求的能量来说明我们进入了大众化的发展趋势，因为面对大众化旅游需求，旅游形态却是小众化，也就是说大众化旅游需求面对小众化旅游形态的选择是中国旅游的一个尴尬局面。比如，刚刚过去的“五一”黄金周，我们可以看到大量的数据呈现出千军万马过观光旅游独木桥的景象，这是中国人无奈的选择？还是政策制度对旅游需求的限制？这是要引起我们深刻思考的。因此，大众化的旅游发展趋势必须在需求侧上进行重大改革、在制度上进行重大创新。比如，我们今天讲休闲度假，度假的旅游形态最好的方式有很多很多，不是说在某一个地区，如在东营盖一个度假地、度假酒店就是度假旅游，关键是度假的生活方式是什么？比如说房车、游轮等这样的业态可能是一种新型的度假体验，但是由于相关部门在工业化形成的制度里把需求侧限制死了，比如说房车上路，自行式房车不能超过6米，拖挂式房车由于种种制度限制大规模上路都受到很大的影响。当这种新型的度假旅游的体验受到制度上的限制，就使得旅游仅仅限定在小众市场上、仅仅限定在需求的旅游消费这个层面上，使得旅游消费很难从消费领域穿透到生产领域。大家知道美国有3亿多人口，拥有房车1200万辆；我们国家约有14亿人口，截至目前拥有的6米以下的房车数量是21万辆，如果在需求侧上稍微发生一些变动、改革来适应双循环的需要，我国的旅游消费就必然会受到重大影响，对整个中国经济会产生很大的影响，如游艇，现在由于制度限制，存在公共码头不让建，有母港但不会有公共码头这样的问题。大众旅游的趋势必须借助于需求侧进行重大改革，在国家双循环的格局下，今年、明年会在我们的旅游需求侧方面进行发力、进行变化，会对我们新型的旅游市场形成重大的影响，这是一个趋势。

第二个趋势，在旅游需求的挤压下，旅游要素现在开始进入独立化的发展阶段。改革开放40多年，中国旅游的发展一直考虑的要素组合是食、住、行、游、购、娱，以旅行社这样的产业链串在一起形成线路、形成产品。但是随着国内旅游发展和新型旅游消费的出现，我们发现六要素都开始慢慢地进入独立化发展阶段，如十年以前随着度假旅游的出现，“住”的要素首先独立化了，精品酒店、主题酒店、民宿和露营地已经形成了完整的产业链。五年前，“娱”的要素也开始独立化，文化演艺、沉浸式演艺、各种音乐节已经成为重要的旅游形态。随着高速交通的进步，“行”的要素现在也开始慢慢独立化了，大家想一想六要素在新时期都慢慢进入独立化的发展阶段，为下一步中国旅游产业的格局奠定了一个很深的影响。有人说旅行社现在的作用越来越小了，相反平台公司作用越来越大了，这样的市场产业、领袖型产业的变动不能不说是要素独立化发展的结果，所以，面对这样新型的趋势，旅游目的地、旅游企业，你们做好这样的准备了吗?

第三个趋势，旅游的产业化过程。原来发展旅游一直考虑的是要素的组合，但是我们很难考虑产业链的构建，40 多年来我们都是在要素上发力而没有在产业链的构建上重新思考中国现代旅游产业体系的构建，由于旅游形态的多样性使得每一种形态所需要的产业组成是不一样的，观光旅游有观光旅游的产业链，度假旅游有度假旅游的产业链，休闲旅游有休闲旅游的产业链，当产业链不能形成上下链的互动，一旦遇到特殊情况就会对旅游业产生强大的冲击。所以在“十四五”期间，我们要好好研究在不同的旅游类型上什么样的旅游产业链更能保证旅游产业的顺利运行，观光旅游强调“游”的要素，度假旅游强调“住”的要素，休闲旅游强调“娱”的要素。那么，怎样根据不同旅游形态所需要关注的要素形成上下链的互动，这是我们在“十四五”要研究的问题。

第四个趋势，高质量的发展永远是我们的主题，也是旅游业面临的重大问题。一个地区发展旅游业需要借助于旅游资源，旅游资源可以分成两类：一类是文化的，另一类是自然的。第一，从文化的角度来讲，我们拥有的文化资源在中国非常丰富，中国历史悠久、文化灿烂，我们拥有的世界文化遗产和自然遗产超过了意大利，排到了全世界第一。第二，从地理形态上来讲，我们的地理构造是非常丰富的，可以说各种地理现象在中国都会出现，世界上没有几个国家能像中国这样地理形态那么完整。第三，近几年，政府对旅游业的重视程度非常高，世界上也没有几个国家像我们国家对旅游这么重视。第四，近十年，由于我们国家的经济进入转型期，大量资本和技术涌向了旅游业，可以说各种平台公司、各种互联网公司包括大资本都在关注旅游业。但是我们的产出呢？2019 年是 60 亿人次国内旅游者，规模不小，但 60 亿人次国内旅游者一日游人数占到 85%，2019 年出境旅游人数是 1.55 亿人次，远远高于世界各国的出境旅游增长率，一个国家大规模的出境旅游的发展说明什么问题？我们的入境旅游如果按纯外国人比较还比不上泰国。一个泱泱大国，一个历史悠久的国家，我们的入境旅游情况不容乐观，我们的出境旅游大规模发展说明什么？说明这个国家的国内旅游出问题了，如果我们在“十四五”不解决、不扭转这样的局面，一旦疫情好转我们又一批的高质量的游客或者高等级的游客又出国旅游了，这些问题都值得我们在“十四五”好好地去认识。

第五个趋势，平台组织将成为中国旅游业的中间组织。随着我国信息化的发展、随着大数据时代的到来，平台组织由于天然地把需求和供给、生产和消费组织在一起形成一个完整的生态链，利用互联网、物联网以及大数据包括场景技术使得旅游特别是中间服务商发生了巨变，作为一个旅游目的地，如果想把休闲问题做起来、度假问题做起来就必须学会与平台公司、数据公司、互联网公司建立一个密切合作的战略关系，这样一个趋势会改变我们原先旅游的运行方式和运行模式。

第六个趋势，旅游化的发展趋势。在双循环的格局下，双循环能够循环起来，消费的拉动是非常关键的，旅游的发展在很大程度上看重的不是旅游那点能量，而是看重了通过旅游消费平台对整个一产、二产、三产的整体带动作用，在进入“十四五”以后各行各业特别是生产最终消费品的企业越来越关注旅游的问题，越来越通过“+ 旅游”的方式推动本领域、本主业的发展，这些趋势对中国旅游发展的影响是重大的。

谢谢各位！

短期一站式休闲旅游是发展方向

——开元森泊度假乐园

开元旅业集团创始人　陈妙林

尊敬的各位领导，各位旅游界的同行们：

很荣幸今天来到东营，东营我是第一次来。这个城市非常漂亮，因为今天早上我去跑了一下，空气很好，是值得做旅游、做投资的地方，很遗憾我昨天来得比较晚，很多地方没有去。

刚才魏加宁教授和张辉副主任都从宏观层面上分析了中国疫情后的经济，张辉副主任又分析了中国旅游业的发展。他们都从宏观层面、理论层面做了分析。本人因为是做企业的，理论上的东西基本讲不出来，只能和大家分享一些实践的东西。本人做旅游做了 30 多年，今天的题目是“短期一站式休闲旅游是发展方向”。

最近几年我们做了几个一站式旅游的项目，一个是芳草地乡村酒店，一个是方外酒店，“方寸之间，世俗之外”，还有开元森泊度假乐园，前面两个规模比较小，大概有 200 间客房和 100 间客房，但是都打造在风景环境比较好的地方。森泊度假乐园在总结前面两个项目的基础上打造的是亲子度假乐园，这三个项目都做得比较成功，获得了比较好的景区经济效益。

我经常说做企业的不光要把企业做好，更重要的是要创造效益。我们已经开张和管理的有 380 多家酒店，我们自己持有和投资的也有 50 多家酒店。现在商务型酒店赚钱的真不多，度假式酒店倒是有机会能够赚点钱。作为企业来讲赚钱是非常重要的，因此我今天想和大家重点分享一下我们的森泊度假乐园。

我们这个森泊度假乐园有几个特点，第一个特点就是位于城市近郊两个半小时左右的交通圈内，该度假乐园是一站式的短暂度假旅游项目，离中心城市比较近。

第二个特点是打造在风光秀丽的旅游度假区附近，我们现在两个森泊度假乐园一个在莫干山，位于省级风景名胜区；另一个在杭州湘湖，位于国家级旅游度假区内。

第三个特点就是可以提供全天候休闲度假的娱乐设施。什么叫"全天候"？就是从夏天到冬天都可以玩儿，比如说我们有水乐园，因为水乐园一般在南方最多能开 2~3 个月，到了冬天就很麻烦，所以我们打造的是室内水乐园。

第四个特点是打造在森林和湖泊旁边的一些度假别墅，这种别墅不是大别墅，这种茅草屋我们称之为小别墅，有的是树屋。

我们有两个项目，一个项目开业两年多一点，一个项目开业一年多一点。这两年来取得了比较好的经济效益，2019 年 1 月底，我们杭州森泊度假乐园开张了，2019 年还不是一个完整年，417 个房间创造了 2.2 亿元的营业收入额，客房全年累计接待 9 万多间・夜，出租率在第一年达到 55%，不是很高。但是大家知道，在度假酒店能达到 50% 以上的出租率应该是可以的，更重要的是我们平均房价比较高，平均房价做到 1240 元 / 间・夜，是不含早餐的平均房价。我们餐饮全年接待 40 万人次，乐园全年接待 38 万人次，实现 GOP 值近 8000 多万元。

2020 年 1~3 月基本上是封园，我们基本上没有开业。尽管杭州森泊度假乐园受到了疫情的影响，但我们全年用 9 个月时间实现了 2.4 亿元的营业收入，GOP 值达到 1.2 亿元，全年出租率达到 68.34%，全年客房累计接待 88291 间・夜，平均房价为 1299 元 / 间・夜，主要是受疫情影响的原因。

在 2020 年，650 个房间规模的莫干山森泊度假乐园也开张了，莫干山森泊度假乐园一共有 1280 个房间，因为我们在是逐步建设当中，一边建设一边开张，现在还有 300 个房间没有开。去年一年，森泊度假乐园约 650 个房间全年营业收入达到 2.3 亿元，现金流达到了 8300 万元，出租率达到了 60.29%，全年客房接待量 129000 间·夜，平均房价达到 903 元 / 间·夜。要指出的是，这个营收是不含早餐的。

2021 年上半年又受到了疫情影响，特别是春节期间受到严重的影响，虽然没有封园，但是在杭州总的来说管得也是比较紧的，1~4 月两个开元森泊乐园获得了 1.5 亿元的营业收入，其中杭州森泊度假乐园 1~4 月的营业收入达到 7000 万元，同期接待客房量 26000 间·夜，平均房价 1227 元 / 间·夜。莫干山森泊度假乐园 1~4 月营业收入达到 7500 万元，平均房价达到 885 元 / 间夜。

这个是我们两年来的经营状况，值得一提的是，刚才讲了 1~4 月的情况，今年“五一”假期，我们仅仅在 5 天时间内就创收了 2600 万元，其中杭州森泊度假乐园达到 1100 万元，莫干山森泊度假乐园达到 1600 万元。

2021 年 5 月，两个森泊度假乐园有望创收 7400 万元，也就是加起来一共是 1200 多个房间的规模。我为什么要讲营业收入呢？做企业一定要讲营业收入，如果没有较好的现金流，没有获得较好的利润空间，企业是做不长的。

做好乐园、做好企业很重要的是要做好规划设计以及原生态的自然，这是吸引游客的关键。

乐园项目主要分四大部分，第一部分是室内游乐设施，其分为全天候水乐园和儿童乐园，室内水乐园规模分别为 8000 多平方米和 9000 多平方米，大空间内是没有柱子的，还有 3000 多平方米的儿童乐园。

这个是超大型的儿童乐园，还有室内花园，室内花园会养一些宠物鸟，还有室内的探险项目。室外的口号我们叫“释放天性”，一些户外的游乐设施如蹦极床、蹦蹦床，凡是有场地可以安排出来的，我们就充分利用，做一些室外游乐设施来满足游客需求。

第二部分是室外游乐设施，有水乐园、探险乐园、动物农场。水乐园包括室内与室外，因为夏天 7、8、9 月是我们的旅游旺季，旅游旺季的时候正好人流量特别大，特别是 7、8 月，儿童包括成人也一样喜欢玩水。到冬天玩水的人相对会少一点，室内水温保持在28℃，室温保持在30℃，尽管在30℃的室温里人们往往也不喜欢玩水。到7、8月天一热特别喜欢玩水，于是我们又开辟了一个室外水乐园。此外，在室外我们的探险项目也比较多，比如说高空滑道、甜甜圈等，室外加上室内一共有50多种可以游玩的探险项目。

现在的小孩特别喜欢动物农场，即使是养一群鸭、一群鸡，城里小孩都很稀罕，当然我们不会去养鸭和鸡，我们养一些骆驼、小马等。

第三部分是满足不同需求的餐饮设施。一般我们的森泊度假乐园平均逗留时间是1.8天，最长的是一个多星期，最短的也有一天，那样的话我们满足不同游客的餐饮设施是非常重要的。山顶餐厅，可以俯瞰整个乐园的风景。还有室内热带雨林餐厅，做成了室内热带雨林的风貌。

这里讲一下客房设计。我们的客房设计有集中的酒店，也有儿童主题酒店。更重要的是，我们打造了一些木屋、树屋。我们有两种不同类型的树屋酒店，一个是层叠起来的，这是一个网红树屋，一共6个房间，整体出租的价格是2.5万元，到节假日的价格就是3万多元，当然你也可以单独租一间。这里成了杭州人及上海人求婚的、开Party等小青年喜欢打卡的地方。

去年王菲来这个乐园拍广告，为了避免被偷拍，她把一共6栋树屋全部包了下来。这个树屋开业第一天，我就带着我们全家人亲自去体验了一下。以我这样的年纪感到很不适应，因为爬上爬下很不方便，我想这个树屋的设计可能有点问题，我就问我外孙喜欢吗？他说“我喜欢，非常喜欢，这个树屋很好”，因为小孩子不怕累，当然安全我们还是要注意的，但是他说“外公，如果你树屋里加个滑梯可能更好”。所以旁边的这个木屋是我们在莫干山做的一个树屋，这个树屋就加了一个滑梯，是我9岁外孙的创意，这里也成了网红打卡地。

我们的客房设施还有放在茶园里、山顶上的，是全玻璃、全透明的，可以看见四周的木屋。

我们还有泳池别墅，原来设计这套泳池别墅的时候我很担忧，因为有6个房间，按规律，这6个房间不能分开，像树屋还可以分开，因为一栋栋房子是分开叠上去的，通过一个楼梯完全可以分开。其实6个房间的大别墅我很担心会租不出去，但是现在这套房子是租得最好的。为什么呢？我在想，主要可能是这场疫情改变了我们的一些度假方式，因为有钱的家庭出不去了。按照统计，2019 年我国出境旅游人数为 1.55 亿人次。现在 1.55 亿人次的出境旅游几乎没有，他们都转到国内来了，这批都是有钱人，要住好房子、大房子，带着全家出去旅游，所以这种四套房、五套房、六套房反而卖得更好，这是疫情发生后的改变。

我们有儿童主题酒店。这个儿童主题酒店大堂里面有很多管子，这个管子有什么用呢？是传声洞，就是最原始的电话，小孩子特别喜欢，通过这个管子两个小孩互相可以呼应。

除了有好的产品和好的设计之外，做好网络营销是当今旅游经营的亮点。首先我们要创造精细，打造一个爆款。刚才讲了树屋、泳池别墅等，这是我们的旅游亮点。因为是网络社会，客户入住以后肯定会拍照片，他花几千元甚至上万元一定会在手机上炫耀一下，所以我们在网络营销上面一定要做好，给客人制造惊喜。

我们还要打造以核心人群为引爆点的多元化扩张模式，利用网络名人效应。我们这里有很多名人来过，如 Angelababy、王菲等，她们来了之后通过名人效应做好网络的营销，这也是非常重要的，这就是要最大化地利用名人效应。明星来了以后，其住过的别墅往往是我们全年最火爆的别墅，像刚才的树屋别墅基本上三个月内没有办法订到房间。

这方面就是做好全员营销，利用员工，利用整个酒店的人员做好网络直播非常重要。我们讲，每一个员工都是我们的宣传员、都是我们的营销员，我们现在自己培养的网红直播员已经有几十个。

关于网评，做好声誉管理非常重要。上网去查我们两个酒店，一个是 4.6 分，一个是 4.8 分，但是我们觉得还不够，我们要求在一年内一定要达到 4.9 分，消灭差评。每个月开一次会议，一条一条来解决网评问题。差评不解决，导致的负面影响将会给我们带来很大的损失。

由于我们的项目取得了良好的经济效益，我们估计这两个森泊度假乐园项目 6 年能够收回投资。由于良好的经济效益和品牌效益得到了中旅集团港中旅的投资，即收购我们 34% 的股份，也就是我们 4 个多亿元的注册资本现在全部回来了。利用这个资金，我们现在已经签约了山东日照、浙江海盐两个项目的投资，并且签约了舟山开元森泊度假乐园的轻资产管理。我们正在洽谈的项目在厦门、武汉、天津、重庆、成都，我们将在三年内做到 10 亿元以上的项目，逐步形成我们的规模效益。

因为时间关系，我就讲到这里，谢谢大家。

中国避暑和避寒旅游目的地的研究

中山大学旅游学院、文化和旅游部“十四五”规划专家委员会委员、
中国旅游协会教育分会会长　保继刚

各位代表，大家好，今天和大家分享我们的一项研究成果——“中国避暑和避寒旅游目的地的研究”。

大家都知道，气候旅游资源是旅游开发的一大特色资源，其中避暑和避寒资源是特别重要的。我们这一项研究数据来自国家气象科学数据共享服务网，我们收集了1981—2010年中国地面累年值月值数据集。数据包含了中国基本、基准和一般地面气象观测站共计2132个站点，本项研究没有含港澳台站点的数据。我们收集了这2132个站点的多年月平均气象资料，主要是基于温湿指数、风寒指数以及着衣指数来计算气候综合舒适指数，并通过这个综合舒适指数判定。每年的夏季（6~8月），综合舒适指数≥7、≤9的是避暑型气候；每年的冬季（12月~次年2月），综合舒适指数≥7、≤9的是避暑型气候。

我们通过GIS软件对原始气象点状数据进行了空间插值，采用该方法能够考虑高程等地形因素的影响从而提高评估的精度，PPT上这张图就是2132个气象站点的分布图（见图1）。

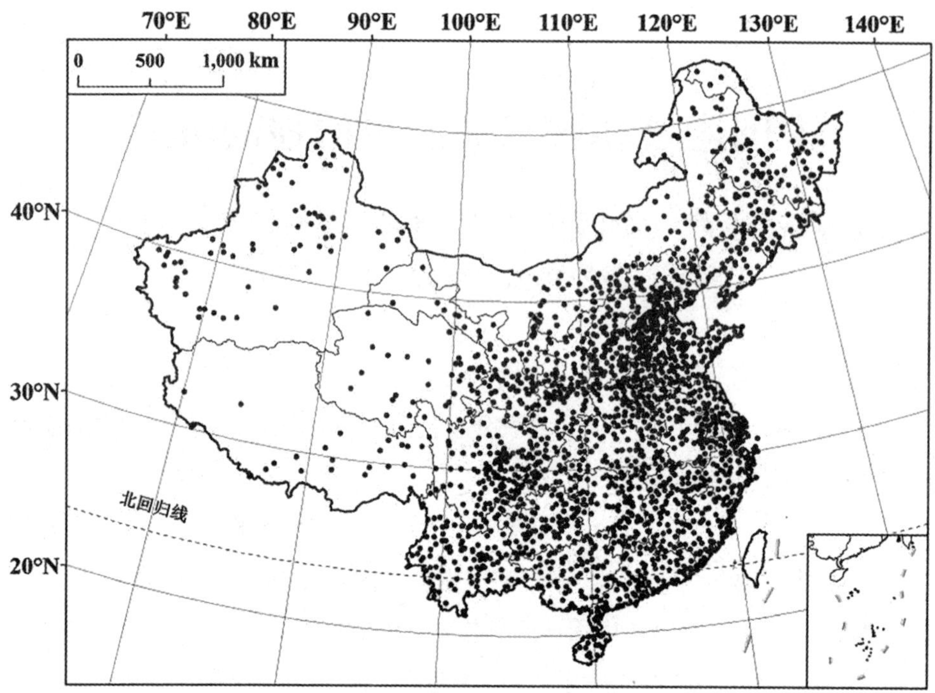

图 1　全国气象站点分布图

首先谈一谈避暑型的气候，通过计算得出，全国避暑型气候有三个片区：第一个片区是北纬 40° 以北的西北边疆和东北地区，主要包括新疆北部、内蒙古、黑龙江和吉林等；第二个片区是西北中部地区，主要包括青海的局部、陕西北部、甘肃、宁夏等；第三个片区主要包括了西藏南部、四川西南部、贵州中西部、云南北部等（见图 2）。

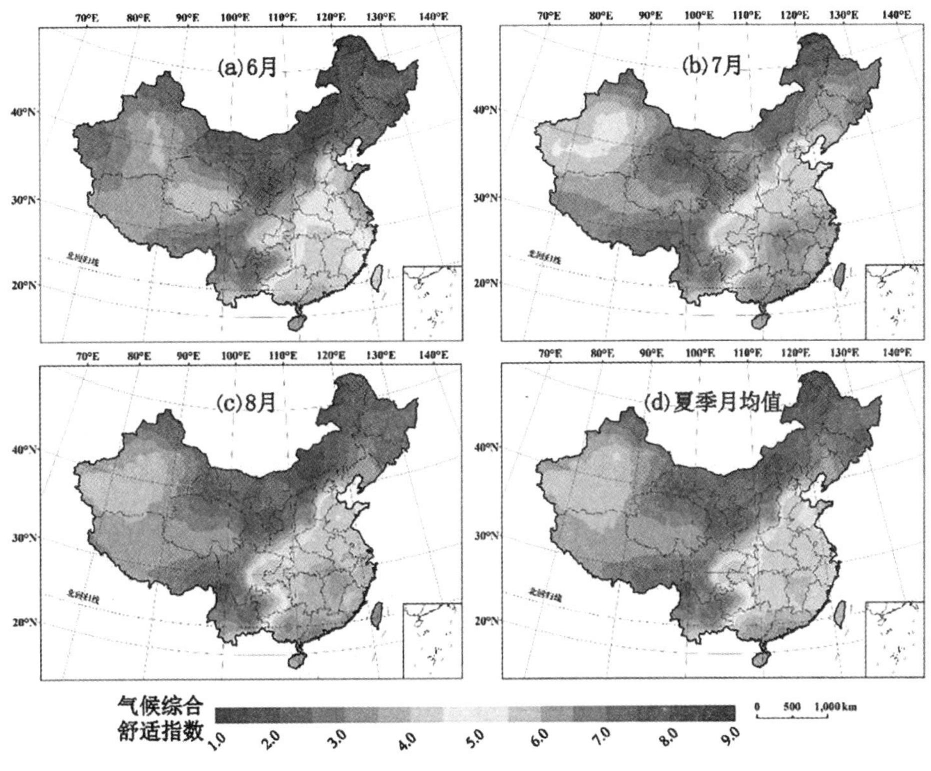

图 2　全国夏季气候综合舒适指数分布图

全国避暑型气候从地域面积来看是一种分布较为广泛、相对遍在性的资源，为什么说它是一种遍在性资源呢？因为避暑型气候所包括的地方约占全国国土面积的 31.78%，其中达到舒适等级的占 29.05%，达到非常舒适等级的只占 2.73%，这也是一些具有舒适气候且特别适合避暑的地方在夏天旅游火爆的原因。非避暑型气候约占全国国土面积的 68.22%，其中 2/3 属于较舒适的等级，特别不舒适的等级地域是比较小的，但是非避暑型气候大部分在东南部，是经济最发达、人口最密集的区域（见图 3）。

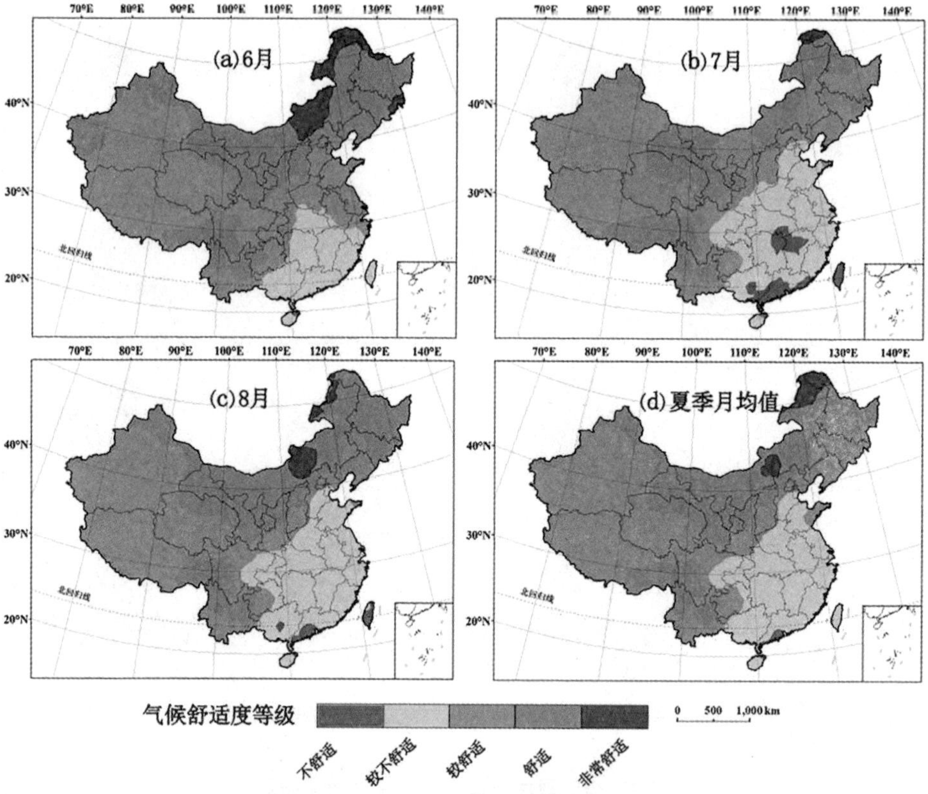

图 3　全国夏季气候舒适度分布图

在非避暑型区域的靠近大都市区的山地避暑地，市场价值就很高，除了刚才这几个大片区域之外，实际上在东南部经济发达、人口密集的区域还会有一些山地避暑的地方，如江西庐山，庐山周边低海拔的地方都是一些火炉地带，所以庐山就显得特别珍贵。一般来讲，在东南部比较炎热的地区，海拔在 800 米以上的都有一定的避暑效果，因为海拔每增加 100 米空气温度会降低 0.6℃，一般来说如果海拔在 800 米以上就比海边低了 5℃以上，所以在东南部特别是经济发达的大城市的周边，假如能找到有 800 米以上最好是 1000 米以上的山地，实际上是可以开发避暑度假产品的。

看完避暑的部分之后看一下避寒部分，避寒的部分是大不一样的，全国冬季气候舒适度总体分布图显示，国内避寒型气候区集中分布在北回归线以南的地区，包括华南地区和西南地区的局部，具体来讲主要是包括云南、广西、广东、福建等省份以及海南整个省域（见图 4）。

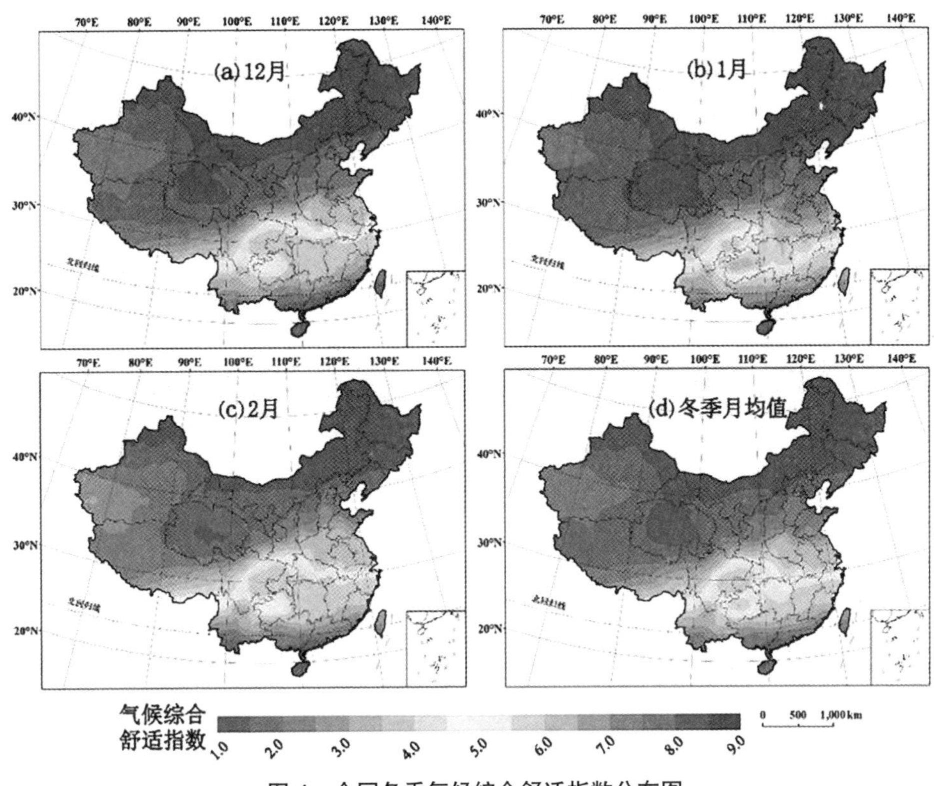

图 4 全国冬季气候综合舒适指数分布图

与避暑地在全国大部分地方都有分布相比，避寒的地方从图上看只是在南部这几个省份。在某种意义上说，避寒型气候在国内属于稀缺资源，具有垄断性的特征，如果用国土面积来表达，其只占国土面积的 3.09%，并且九成是处于舒适等级，非常舒适的等级只占全国国土面积的 0.17%（见图 5）。这就是为什么三亚、西双版纳到了冬天旅游这么火爆的原因。

非避寒型气候占了国土面积的 96.91%，不舒适等级的地域面积超过了全国面积的一半，占 69.05%，从避寒型气候的分布来看地方特别小，所以这些年在海南特别是南部三亚和陵水开发的旅游度假区就特别火爆。

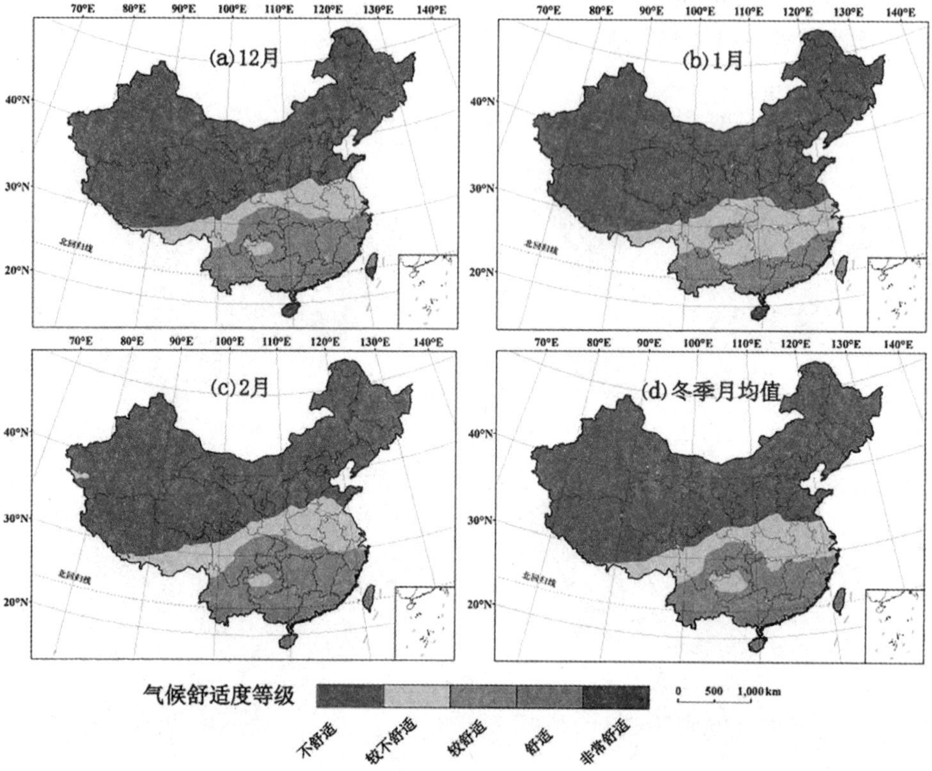

图5 全国冬季气候舒适度分布图

缩小空间尺度，云南省是国内同时拥有避暑型与避寒型气候的少数省份之一，气候资源开发潜力特别大。下面这几张图就是我国避暑与非避暑（见图6），以及避寒与非避寒站点分布图（见图7），从图上可以看到只有在云南是两种类型都相对比较多的（见图8）。我们可以具体看一下云南省夏季气候舒适度的分布特征（见图9），总体来讲，云南的避暑型气候比较多，整个云南西北部和东北部都分布有两个集中的舒适区，呈现出一定的纬度地带性特征。当然，迪庆、丽江、大理、怒江、昆明、玉溪、曲靖等地州市都是有大面积避暑气候的分布地域。

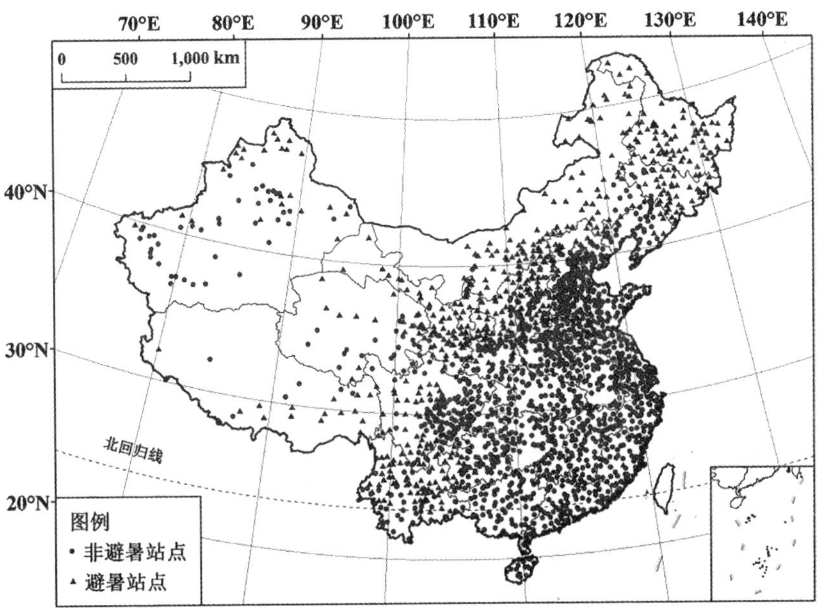

图 6　全国避暑与非避暑站点分布图

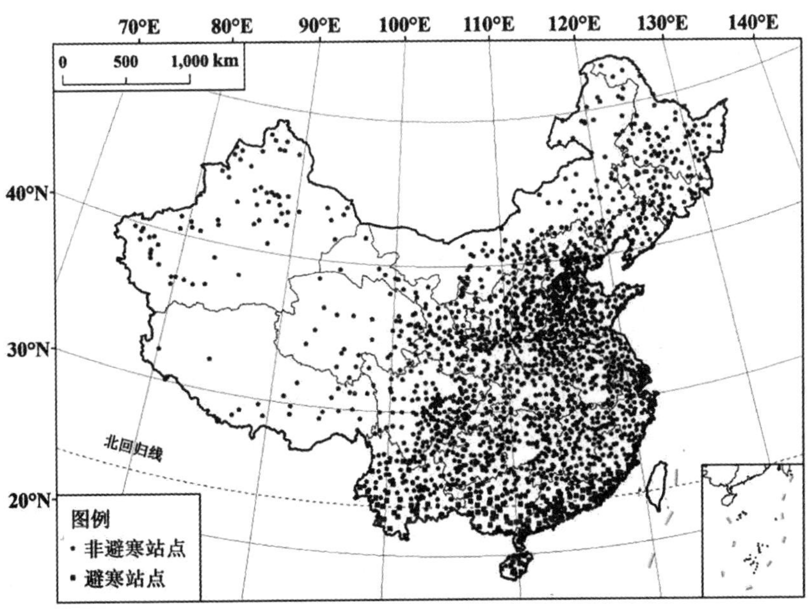

图 7　全国避寒与非避寒站点分布图

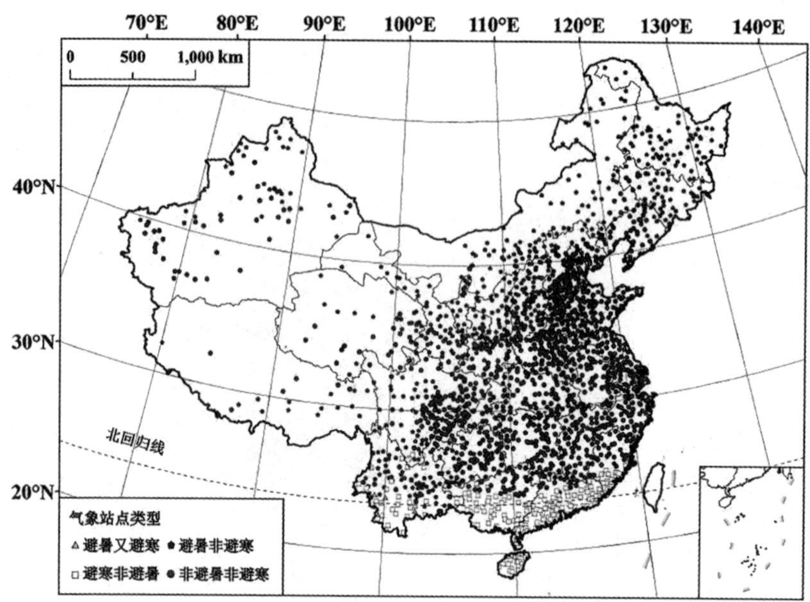

图 8 基于不同气候类型的全国气象站点分布图

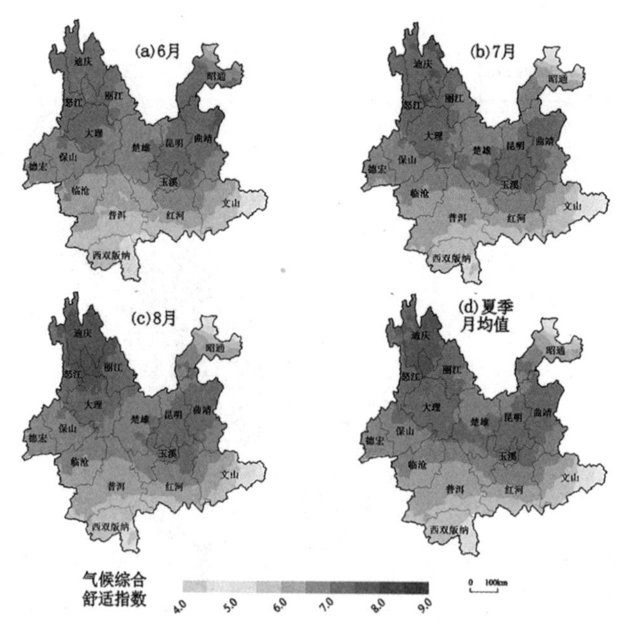

图 9 云南省夏季气候综合舒适指数分布图

实际上云南海拔在1500米以上，迪庆是3300米，在这个海拔高度上的地区基本上夏天都是比较舒服的。6、7、8三个月，整个夏天都比较舒适的地方有几个站点，如维西、兰坪、丽江、会泽、马龙。还有很多地方是很好的，大家知道比较典型的是省会城市昆明，昆明是“春城”，海拔在1900米左右，所以它的6、7、8三个月都是非常舒服的。

对于避寒型气候来说，云南避寒型气候主要分布在南部，也是呈现了明显的纬度地带性特征，主要分布在西双版纳、普洱、临沧、红河、文山等地州市（见图10）。

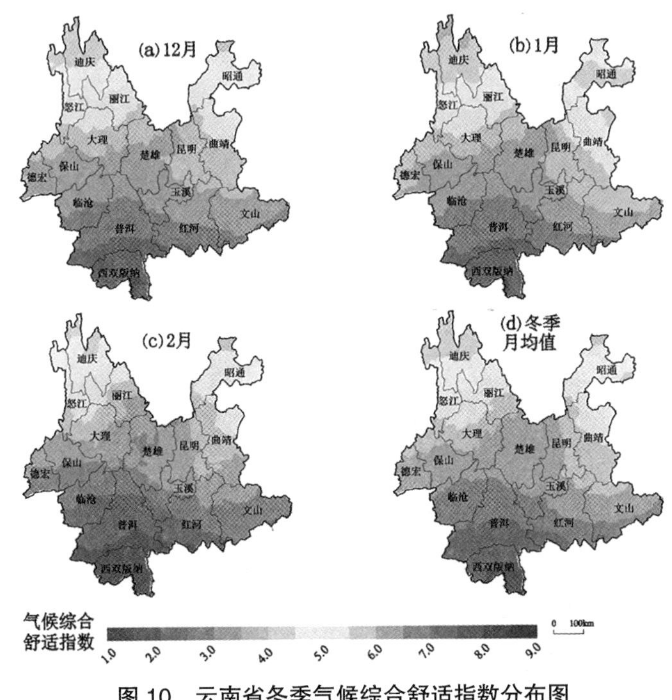

图10　云南省冬季气候综合舒适指数分布图

云南的避寒地域类型大概分两类：第一类是内陆型避寒区，以西双版纳的勐腊、景洪为代表。第二类是峡谷型避寒区，或者说干热河谷型避寒区，以元江干热河谷为代表。云南省的避寒气象站数量约占整体的18%，最突出的是元江和勐腊。因为勐腊不是在州府所在地，所以我们的开发更多集中在西双版纳州府所在地景洪市。从开发角度来讲，现在主要是西双版纳，其他的一些地方包括元江干热河谷的站点都没有进行很多开发。

并且从康养气候角度来讲，我个人预测将来这种干热河谷地区对于老年人来讲是非常适宜避寒的地方。如果说温度比较高，湿度又相对比较大，实际上康养的效果不是那么好。对比美国，比如说佛罗里达就相当于我们的海南，而亚利桑那这样的干热地方就像元江河谷。美国佛罗里达避寒的游客很多，短期居住的人很多，但是有很多老年人会选择到亚利桑那这些干热的地方去过冬。

我们比较一下两个地产项目，地产公司雅居乐开发的腾冲项目和西双版纳项目，二者是同一个公司，都在云南投资，避寒型的是西双版纳的项目，避暑型的是腾冲的项目，腾冲的项目实际上比西双版纳开发得更早。雅居乐是做旅游地产的，或者说是度假地产做得比较大的公司，大家知道，海南的陵水知名大盘清水湾是他们的代表作。

对比云南腾冲原乡项目和西双版纳西双林语项目，可以看到 2016 年两个地方的高层洋房均价是差不多的，都是 5000 元 / 平方米，到 2017 年腾冲的项目涨到 6600 元 / 平方米，而西双版纳的项目涨到了 9000 元 / 平方米。到 2018 年腾冲的项目涨到 9000 元 / 平方米，而西双版纳的项目涨到 15000 元 / 平方米（见图 11）。同一个公司开发、建筑质量差不多的情况下，价格的差距主要来自气候。这个项目比较可以印证前面说的，中国避寒的地方因为稀缺一些垄断性特征，而避暑的地方相对面积较大，是一个相对遍在性资源，所以说地理位置相对于差一点的地方，实际上做这种避暑度假地的风险还是比较大的。

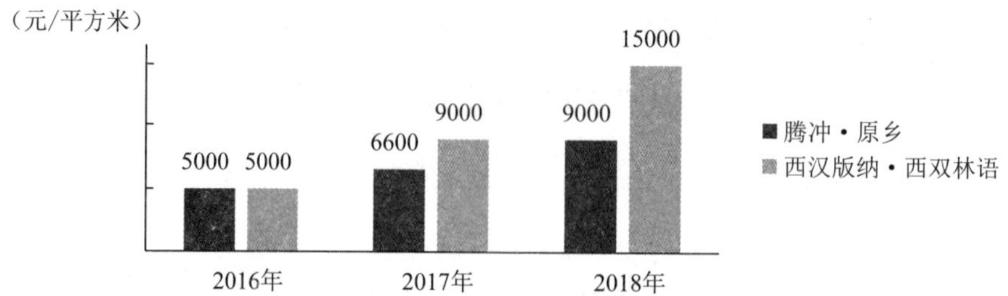

图 11　雅居乐项目 2016—2018 年 7 月高层洋房销售均价对比图

数据来源：根据实地走访整理。

上面我介绍了中国避暑避寒的一些地域分布，针对避暑避寒特别介绍了一下云南，因为云南的旅游气候资源特别丰富，所以再对比了腾冲避暑型的度假地产项目，以及西双版纳一个避寒型旅游地产的项目。

最后我想提一句，气候旅游资源里面还有一个最近炒得火爆的冰雪旅游，特别是滑雪。大家知道原国家旅游局时期就一直在大力推广滑雪旅游，我们从东北先起步，但今年出现了一个特别有意思的现象。大家可能听过一首歌《可可托海的牧羊人》，今年突然特别火爆。可可托海的滑雪今年也火爆起来了，中国国家滑雪队在那里集训。可可托海本来是中国西北一个特别边远的地方，但是因为那里雪的资源特别好，地势落差很大，所以今年西北的阿勒泰的旅游已经有了一点新气象，我们的游客有来自北京、广东的。所以冰雪资源将是下一个具有气候旅游资源特色的项目。

当然，我们国家冰雪旅游地主要集中在东北、西北新疆等地区，从现在掌握的资料来看，新疆北部阿勒泰潜力特别大，应该是中国滑雪资源最好的区域之一,一个是雪的质量好，很多都是“粉雪”，而且雪的厚度大，还有就是时间长。像喀纳斯这样的地方 9 月下旬有时候就开始下雪，滑雪可以滑到来年 4 月，所以 10 月、11 月、12 月到次年 4 月大概有 7 个月的时间可以滑雪。随着中国经济发展，除了避寒气候、避暑气候之外，冰雪特别是滑雪旅游将会是新的增长点。

我今天主要就给大家介绍这几个方面的内容，谢谢大家。

（注：中山大学 2016 级地理科学与规划学院硕士生邓粒子参与了文中数据的收集和处理工作。）

文商旅融合推动城市更新

郎园服务商怡成文创董事总经理　赵　宇

尊敬的各位专家、各位业内大咖大家下午好，接下来占用各位非常宝贵的25分钟时间。之前都是很多非常学术、有精深研究的专家给大家做出特别是学术方面的贡献，我会用接下来的时间从城市更新运营商的角度，拿出我们大概用11年时间运营的一些项目跟大家分享一下我们的心路历程。

首先介绍一下自己所在的企业，金网络其实是首创集团创始人刘晓光先生发起的，从金网络怡成企业定位的角度来讲，我们一直专注于整个城市更新产业场景运营服务商的定位。可能听起来和今天大会的距离和尺度的相关性没有那么贴切，但是坦白讲，在我们一路运营的过程中，我们觉得最开始可能种下了一个文创产业园的种子，在它不断成长壮大的过程中，用文化撬动了商业，最终形成了一个在地旅游目的地。

整个北京郎园，包括国贸郎园Vintage、石景山郎园Park和东坝郎园Station，这三个项目都是怡成文创和首创郎园一起联合运营的，还有我们自己投资和运营的、同时和首旅集团一起合作的北京国际饭店低区酒店改写字楼的项目，同时我们也有自己的品牌园区——怡成锦园，还有运营顾问项目——酷车小镇，在这个项目上我们更希望去呼唤中国这一方土壤并没有那么去滋养的雄性精神，我们希望打造一站式的，父亲可以带着儿子在里面体验速度激情和机械工程的特色小镇。

同时我们也做了很多空间产品，包括用5G和大数据运营的演艺剧场、兰境艺术中心，还有投资孵化的很多空间和文化内容的产品，如北京颜值、场景还有整体租金和运营状况都非常好的IDEAPOD，还有非常成功地输出到阿那亚的林象放映，最开始都是从郎园 Vintage 的观影社群活动逐渐成长起来的，同时我们也做了餐厅，包括相对来讲比较高阶的意大利餐厅和每个园区标准的智能餐厅。

另外，我们参与了很多北京非常重要的工业遗址大的前期策划，包括焦化厂，首钢、京仪、北控等很多重要的园区，同时也参与了北京大片区整体改造的提升项目，比如说将台、丽都、宋庄等。还有一些相对来讲有点个性化、很难说清到底是城市更新项目还是文旅融合的项目。比如，我们和爱奇艺一起打造的线下热血音乐城，还有很多北京老胡同包括公园的改造项目，同时我们也积极去参与在地公共服务，包括党建内容、社群和企业联合会方面的运营。

接下来，我主要以首创郎园品牌和这几个项目为例，跟大家分享一下过程当中我们如何从文创产业园逐步成长成目前这样的一个新物种和新业态。其实最开始在 2009 年的时候，首创置业拿到了位于北京电视台东隔壁的郎园 Vintage 项目，最开始是想做开发项目，开发未遂就变成了“无心插柳柳成荫”的一个运营项目，也是首创在北京的第一个工业遗址改造和文创产业园项目。

2017 年蔡奇书记在北京考察了城市更新和文化项目之后，首创就领到了一个新课题，就是帮助北京市政府做文化运营和推广。2018 年，首创郎园正式开始进行品牌输出的轻资产运营定位和路线，大概用了两年时间，有了两个非常重要的合作伙伴，一个是石景山区政府，石景山投促用了两年时间非常审慎系统地去筛选合作方，最终确定了首创郎园，一路向西输出到了石景山。同年其实也是北京朝阳区整体保持的状况、风貌包括体量都非常优秀的工业遗址，原来将台纺织仓库就是装棉花的大库房，有保存情况非常好的高挑高的无柱空间的仓库，同时还有站台和有自己产权的 2.23 公里的铁轨。

在这个过程当中，首创郎园实现了在北京三个不同区域、不同定位的布局，在 2019 年正式走出北京，开始布局大文旅的版图。

这三个项目在北京城市更新、工业遗址和文创产业园方面各有引领作用。Vintage 项目是市级示范性园区，Park 是市级文创产业园区，郎园 Station 更是作为北京市重点项目被写进了“十四五”规划。

我们一直秉承着让文化为一个区域、为一个城市点睛的理念，所以走出北京以后，其实更多的是为首创去做整体的文化输出。白马湖动漫广场是跟杭州滨江区管委会一起合作的，这个项目是正式开始转型做产业运营的。

最新的项目是乌镇新栅，目前虽然处于前期状态，但是包括戏剧，音乐方面的第一波龙头型企业聚集已经基本完成。

体量最大的是厦门澳头小镇项目，整个过程是全域旅游的“大文旅＋开发”的项目。同时我们也在洛阳古都做了红色文旅的目的地型项目前期的研究。

下面首先跟大家简单汇报一下郎园 Vintage 项目，它最开始其实是北京医药集团下属的万东医疗厂，刚才跟大家说到首创置业拿到了项目资产包，目前所有呈现出来的建筑，都是之前这个厂房建筑的基本风貌。

从整体改造的理念角度，其实是开发商转运营的第一个项目，坦白讲，从整个成本控制角度上来讲是非常严苛的，所以这个过程当中一直秉承着“修旧如旧”的理念。在整个空间的运营过程当中，其实从郎园 Vintage 开始起步，我们每一个项目都自持很大体量自营的空间，包括剧场、艺术中心，也包括书店。

从运营理念的角度来看，我们非常清晰地知道，其实运营商就是搭建平台，做好服务，把整个一池子水养好，然后期待它的生态是不断成长和健康的，所以在如早期的逻辑思维、果壳、穷游、凤凰网在其逐步成长起来的过程当中，他们跟园区要求有 3000 平方米以上的租赁面积其实都被园区婉拒了。我们更希望它是体量、面积都可控，但是整体业态丰富、产业链健康的文化产业园区。

从运营理念的角度来讲，我们从建筑形态上看其实就是国贸 CBD 中的一个“小矮子”，在非常繁华、喧嚣的区域，其实非常静谧，让你本身就会感觉到人和人之间尺度和距离是可以拉近的，所以说它是没有边界的文化大院，它是这个城市中的一个世外桃源。我们也希望在所有社群活动过程中，让大家感受到国贸不光有那种最拥挤、嘈杂的路况和环境、最匆忙上班的严肃表情，更应该具有厚重的帝都文化城市真真正正带给大家的精神方面的生活。

所以直到园区运营到一段时间后会发现，它不是一个简单的文创产业园，更是北京这个城市的公共文化中心。我们在园区做了大量文化活动，从Vintage项目开始起步，每个项目每年都有超过400场的线下活动。所以在过程中我们在社群运营、氛围运营方面也做了大量内容和运营的尝试。在整个郎园体系中，可以说Vintage这个项目是我们所有内容、空间、场景和新业态的一个孵化基地和测试空间场域。

10年的时间，每隔一段时间我们就会去自主进行产业和整个业态的调整。我们也遵从运营理念的创新、跨界和迭代，不断去看整个市面上是什么样的新发展方向，并且不断去做突破。所以其实在几轮升级过程中就可以看到，郎园的换商体现了整个北京乃至全中国文化方面企业晋升的路径。

每年400场以上的线下活动，有近一半以上都是郎园运营团队自主去设计的，包括品牌、公益活动，讲解音乐会、郎园大师课，从古典文化角度来讲，我们一直会把文创产业园作为一个非常重要的推广古典文化的场域。我们大概在2016年的时候用大数据的方式做过一场昆曲演出，可以非常惊艳地发现，有很多“90后”可以真真正正走到剧场中，近距离跟这些非常优秀的古典文化互动，去欣赏它的美，并且去广泛传播。我们觉得，做文创产业园也好，做城市更新或者文化旅游项目也好，最主要的是对实践的贡献。

同时从新媒体策划、戏剧、先锋艺术等方向，我们做了一个非常丰富的多元化矩阵。我们也用科技和大数据的方式去运营空间和相应的内容，比如说虞社演艺剧场就是一个大数据和5G运营的空间。同时我们也用大数据的方式去运营主题文化内容，比如说刚才跟大家提到的昆曲、戏剧节，其实我们都是通过对线上数据定向抓取，从而知道，在朝阳国贸区域大家是可以认同昆曲的，如果说放到另外一个项目，从石景山公园的角度，大家最喜欢、最追捧的就是京剧。我们会根据不同的测试结果，指向性地设定演出内容，并且找到第一批忠实客户。这不是一过性的演出，它在之前有很多的大师课，其实就是宣推，当天活动还有VIP专属晚宴和丰富的衍生品供大家选择，这也是我们做的第一个垂直纵深领域的，包括消费转化的新商业项目。

所以 Vintage 这么多年，其实一直都是在尝试整个文化对于消费的推动和引领作用，但是坦白讲，除了现在高频的，包括定位让大家觉得很新鲜的市集主题之外，在国贸的场域当中做文化消费和商业转换，其实还是有它的难度在，所以就有了我们的第二个项目。

这个项目的位置非常可爱，就在八宝山地铁站正上方，我们招商人员带着客户基本上会挡在他身体东侧，为了避免客户看到旁边一墙之隔的告别厅，这个项目原来是京西蛮沸腾的一个古玩和旧货交易市场，经过我们系统性研究之后发现，这里生命的逝去其实意味着新生，有来有往就是商业场，初始阶段石景山给了我们很大的压力和挑战，去做产业方面的招商确实有难度。

包括我们现在给首钢园做顾问，在跟他们深入探讨的过程中，我们不太知道这里面真真正正的产业客户到底是谁，所以说这个项目我们是先从 C 端开始做的，先把高频活动做起来，每一个郎园运营都是一边改造一边招商一边运营，过程当中我们不断去调整、测试、纠偏，找到真正属于我们自己的产业定位和客户定位。

这个项目也经过了大数据测试。知道大家喜欢京剧，所以我们找到第一波京西所谓的文化青年，在他们先来到这片场域的过程中，我们慢慢地去看，其实大家出行都是以亲子为主，所以我们率先在项目中从产业角度上去布局教育。

同时我们第一批文化体验型消费的客户开始在整个项目中逐渐成长起来，包括全国最美书店。全民畅读其实是我们第一个给项目定调子和打标签的项目。之后就会有一连串的，包括在地和北京非常优秀的艺术与美育方面的体验型客户来到项目。

疫情致使整个线下教育受到了非常大的冲击，这就涉及我们在这个时间节点再次调整产业方向，因为有足够 C 端客户聚集，我们就想尝试一下包括潮流消费在内的方向，同时石景山区也有自己非常明确的产业方面定位——电竞。所以，最近我们找到了非常优秀的客户——人民电竞，在它的拉动下给整个项目增加了潮流和商业标签。然后我们把之前一个非常坚定地打算整体做的StudyMall项目一分为二，一半是StudyMall，一半是MedicalMall。

Park这个项目更加放大了文化自营空间的体量，从之前Vintage不到2000平方米，到这个项目3000平方米以上。所以它更像是石景山，或者是京西人民不用穿过整个北京城去三里屯过周末，去找时尚潮流场景，他们在京西也可以找到让其心可沉浸下来的一方土壤。

最后一个项目其实还是应该着重跟大家沟通的，应该是因为这个项目受到了组委会的邀请来参加今天的盛会。郎园Station项目目前是北京“十四五”重点项目，同时上个月北京市新消费品牌孵化基地的第一块牌子率先颁给了郎园Station，整个项目的定位是7×24小时。目前这样一个融合的时代，大家生活、工作、休闲是没有准确边界的。

整个项目体量很大，项目北侧是可以从颐堤港一直走过来的坝河，西侧是有珍贵鸟类、植被的将府公园，这个项目就是在这样一个自然条件围绕下。在整个北京，在朝阳区这么核心的位置拥有一个保存状况好、自然风貌好，办公、消费、休闲都舒服且安全的场地。

从整个项目产品的角度来说，我们没有贸然改造，而是花了大量时间去做系统性的研究。我们把整个沿着坝河的部分定位成夜间经济，包括滨河美食，是一个潮流消费区域。对于整个项目西边界和将府公园之间所谓的隔离带，我们率先把它跟将台乡沟通清楚，把它的西边界打开以后，整个将府公园和郎园Station项目就可以真真正正互为配套。

项目整个中央商街和国贸郎园Vintage的运营理念是一样的，我们希望所有产业办公客户都可以把中央商街的对外展示面进行共享，做产业新商业。最开始的整体布局过程中包括两横两纵，即不同产业和商业定位，在最后实际上是一一呈现出来的状况。

包括去年开始正式运营的设计师聚落，我们进行了国际招标，找到了非常优秀的建筑设计师和平面设计师，我们给予先期很大力度的优惠，让他们把整个项目南侧边界先行亮相。从运营商角度上来讲，我们真的没有设计师和客户那么飞扬的想象力，他们可以把整个建筑和产品做得非常漂亮和惊艳。

挨着将府公园的步行西街，目前包括一些老店，类似于老鼎丰哈尔滨传统型商业，自己创新的大体量旗舰店也在这边，是一个完全以投资理念做的线下网红蛋糕店，现在已经有各式各样资本在争先追逐新消费。

中间那里实际上是整个场区最开始的加油站，是设计师聚落的建筑师直接把这个空间拿走，然后做了一个汉堡店，所以这里的客户都不是纯粹地去做产业办公，或者做一个简简单单的商业。

靠近公园这一侧现在目前还处于试营业过程中，就已经在小红书、大众点评上蹿红，暖亲商业业态是五洲女子医院做的创新型的家庭成长乐园。

这是我们之前为了测试整个项目是不是真的能做文化体验型商业做的大量的夜经济，包括市集活动。自持公共文化空间在郎园 Station 项目开始做到最大尺度，我们拿出来 12000 平方米，真的是有站台场景的大站台剧场，包括大剧场、小剧场还有 5000 平方米的图书馆。

另外，西侧的站台将是我们的二期产品，我们会在目前基础之上再进行产业、商业方面的翘楚型客户的布局。

从招商的角度来看，目前我们落位了很多翘楚型和龙头型的产业新经济客户，包括 BAT、影视和大文娱方向的头部企业。

从艺术的角度来看，这里面也是有很多去做新尝试的，比如说用区块链的方式去做艺术方面的运营和推广。包括陈思诚先生所在的企业“壹同制作”，目前在不含租金的情况下，他们会投入 1.2 亿元去制作方向的行业标准研制。所以我们设计师聚落，包括这些传统媒体，包括泛文旅项目都在项目当中逐步去推。

我们会觉得，这真的是一个职住游和产商旅一体化的项目，目前随着北京市新商业、品牌孵化基地一系列政策的实施，我们也在帮助政府做前期调研和研究。这是这么多年我们总结提炼下来的整个郎园运营的大体系，首先从专业流程角度来讲，我们进行了运营体系整体闭环，从最开始的土地研策、前期定位、工程管理、设计管理，一直到招商和物业管理都是全流程服务体系（见图 1）。

运营体系：全流程覆盖+系统平台+内容研发

以空间+服务为载体，全生命周期的文化+产商融合型运营

图1　运营体系图

同时从运营角度上来讲，我们搭建了八大服务平台，有自营品牌空间内容，还有具体的文化内容可以对外输出，并且都有成功案例了。

总结下来，其实我们的精神和企业文化不断地创新、跨界和迭代，最开始是一个简简单单的文创产业园，然后开始在空间运营的基础上做很多氛围运营和产业运营，在运营的后期会变成一个精神高地，公共文化中心，直到我们会发现到最终文化是最有效的拉动消费的方式，所以我们开始做文化体验型的商业，做文化消费大公园（见图2）。

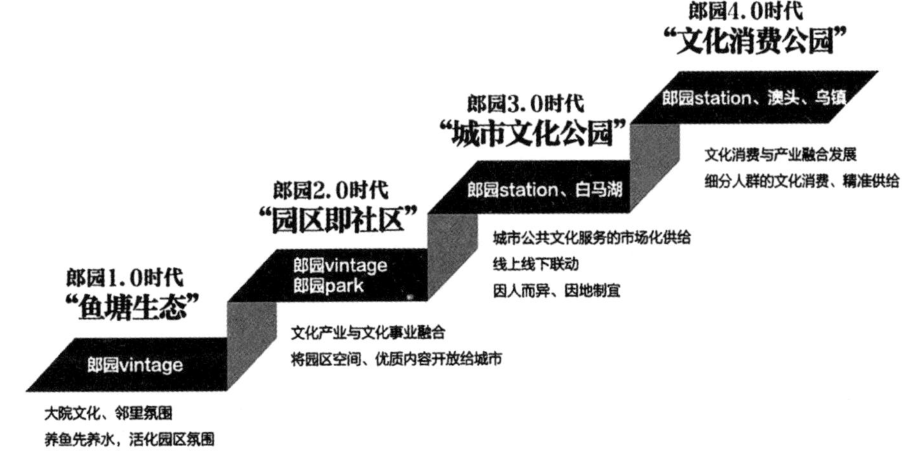

图2　郎园更新运营之路

所以我们会觉得，其实在这个场中最美丽的景是人，运营最核心的对象也是人，我们去做运营服务最主要的就是搭建人和人之间的联结。

时间非常有限，短短地来了一趟东营，非常期待接下来再与大家在未来的日子中继续交流，以联结更多的美好、更多的惊喜，感谢大家，感谢相遇。

更加本地生活化的休闲旅游

美团文旅政企合作中心总经理　路梦西

谢谢主持人的介绍，也谢谢组委会的邀请，今天一整天感觉干货满满。上午在休闲度假的主题中，我们感受到了政府的重视，看到了政策的指引，也听到了专家的解读，刚才我们听了赵宇总经理关于郎园文创的一些介绍，主持人也特别提到美团是近年来旅游界“杀”出来的一匹黑马，但有的时候我自己也在疑惑，当旅游界的同行问到我，美团是否为一家旅游企业的时候，我甚至在想：我们是一家旅游企业吗？我觉得这个答案一点都不重要，我们现在提供的是实实在在大家生活中所需要的旅游服务，我们讲文旅、旅游、休闲、度假、生活空间，其实说来说去我认为最简单的概括就是——“玩”，玩要是人类本性中所追求的一种东西。

过去为什么我们会分出这么多的名词？因为过去当我们把旅游、休闲以及生活分开的时候，其实是受到了几个方面因素的制约，比如说我们认为在时间上，旅游可能是时间更长、跨度更长的休闲度假的方式；在空间上，我们过去总是在讲“诗和远方”是旅游的形式，好像远方才一定是旅游的终点；而且在需求上，我们也常常认为旅游可能是一种更高品质、远远超出我们平时生活需求的特殊消费形式，但在现在是生活场景每天都在变化的时代，这几个因素早就已经相互融合。

今天我的主题是想跟大家分享，从美团的数据能够看出，休闲旅游呈现出本地生活化的特征，一说到文旅、休闲都离不开六个要素：吃、住、行、游、购、娱。其实美团严格意义上来讲不是一家旅游企业，非常凑巧的是我们抓住了旅游六要素中特别重要的核心——以“吃”为起点，从而衍生出包括游、住、行、娱、购为一体的、从另外一个维度满足消费者需求的旅游六要素。除了旅游本身活动中所涉及的要素外，大家所能够看到、我们在整个旅游行程中所需要的生活服务，实际上都恰恰契合了美团作为一家生活服务平台能够给大家提供的服务。我们并不是一家旅游企业，但是我们在满足人民群众现在生活服务需求的过程中，实现了一些和旅游相关的创新发展，比如说大家能够看到外卖以及美团的门票、酒店、电影票等。为什么能够做到这一点？因为现在的人在日常的消费习惯中并没有把休闲活动还是旅游活动做严格的区分。

美团有 6.28 亿的年交易用户、活跃商户 770 万（编者注：该数据截至美团 2021 年 Q2 财报）、200 多项跟旅游相关的生活服务品类。基于此，下面我将从吃、住、行、游、购、娱几个要素逐一剖析我们是怎样在美团平台上，将本地生活化服务和异地旅游消费服务实现了融合。

因为今天大会的主办地在山东，所以我们提取了山东比较具有代表性的，既是生活服务领先的城市，也是旅游相对比较发达的城市——济南。在大众点评上，济南异地游客在美食消费上的比重是什么？第一个品类是鲁菜，相信大家不会怀疑（见图 1）。旅游是去别人的地方体验别人的生活，我们到山东来旅游肯定首先要品尝鲁菜，但是这里面有两个点可以特别关注一下，就是火锅

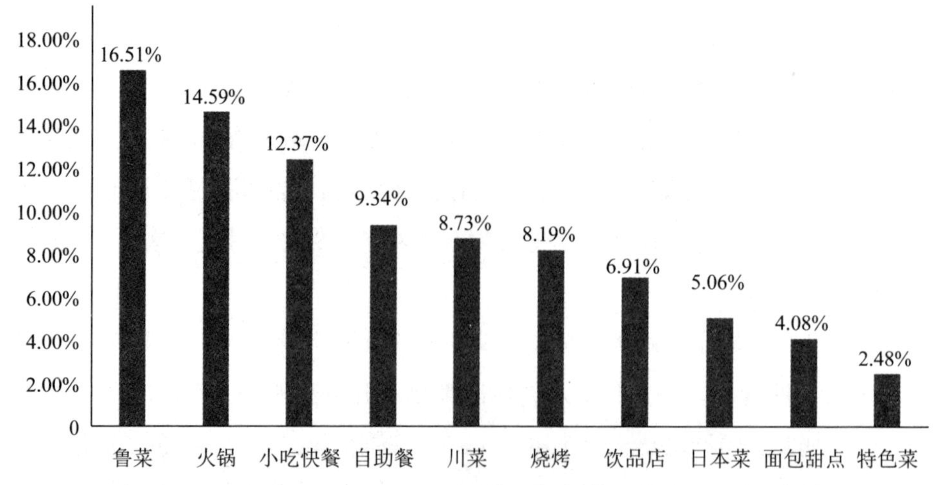

图 1　济南异地游客在美食消费比例图

和烧烤。几乎在所有的城市中，这两个品类的美食在异地游客消费的比重中都非常高，这说明了什么现象？说明现在的异地游客不缺时间。火锅和烧烤吃起来比较费时，以前当把观光旅游作为主要消费手段的时候，恨不得中午半个小时就把团餐吃完，这个非常有趣的数据维度能够从另外一个方向反映出现在的异地游客在城市中消费的一个倾向。

还有一个非常有趣的数据，就是异地游客住酒店的时候订外卖的行为快速增长，2019 年、2020 年的数据呈现飞速增长的态势（见图 2）。在疫情非常严重的时候，跨省游没有开放，很多五星级酒店那时候生存比较艰难，然后美团推出了一个服务是“美食 + 房间”，就是“吃 + 住”的套餐，我们卖的不只是房间，还有五星级酒店的高档晚餐。卖给谁？卖给本地的消费者。有的时候我们在想，我们觉得外地人到其他城市作为游客体验生活，其实本地的居民在自己的城市中同样也有体验高档旅游消费场所的需求，这是跟大家分享的第一点，在吃的维度上可以看到休闲和旅游正在互相融合。

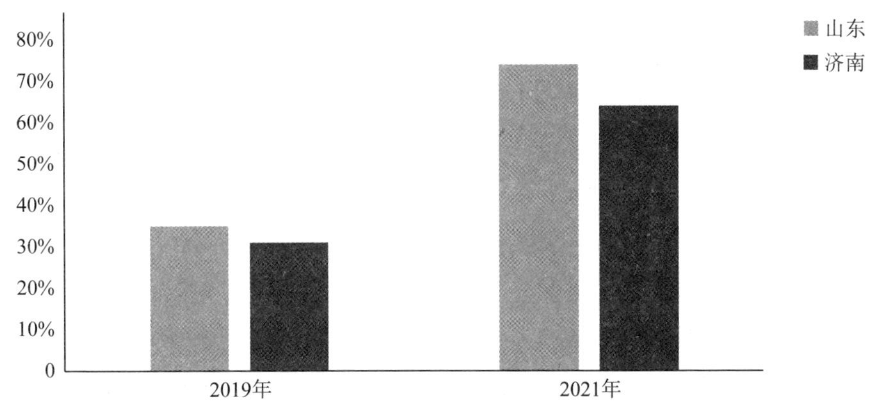

图 2　异地游客住酒店定外卖同比增长图

在“住”的维度上也有两个数据，“五一”期间异地游客预订的品类酒店占比，从订单的环比增速来看，近年年轻人为主要群体的消费现象中，以民宿、体验类、乡村旅游住宿类的房型受到更多游客的欢迎（见图 3、图 4），而过去传统的四五星级酒店也在积极寻求跟本土文化、本地文化、亲子文化、休闲文化结合更加紧密的发力点。

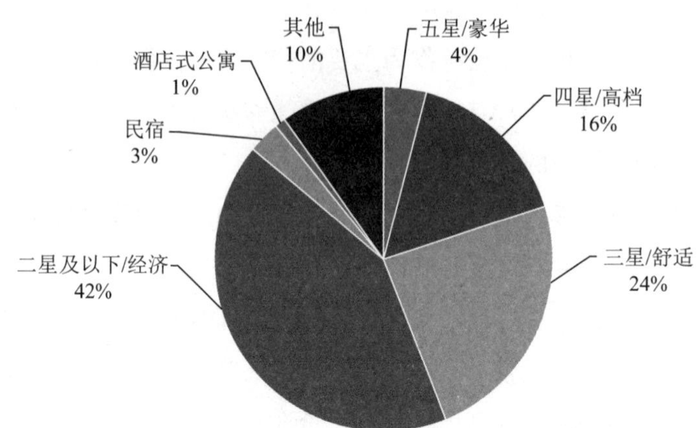

图 3 "五一"异地游客预订各品类酒店比例图

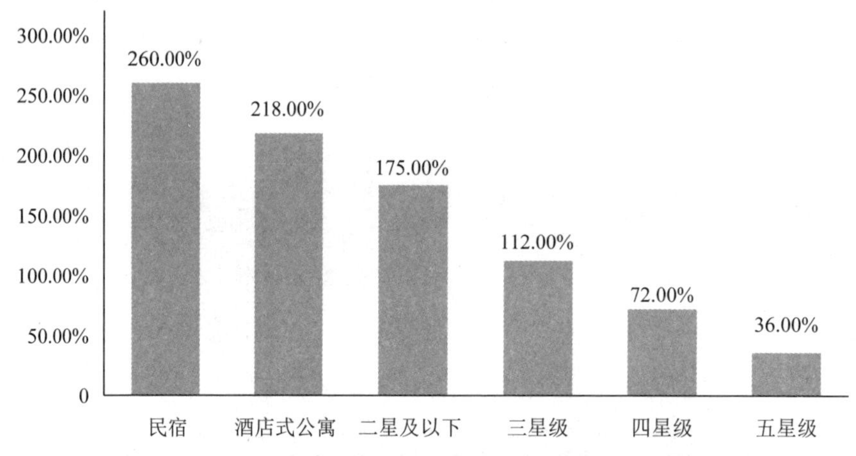

图 4 "五一"异地游客预订各品类酒店订单量环比增速图

"行"这一点上美团有比较特殊的数据，就是摆在外面的一排形成城市风景线的美团单车，在我们平台上有一组数据，即异地游客在景区附近出行的订单比例图（见图 5），很多景区经营者都在说打通最后一公里，到达城市之后如何顺利进入景区，甚至在景区内如何实现自由的交通接驳，这一直以来都是经营者头疼的问题。我们可以看到，景区附近出行比例除了美团单车以外，各

个出行平台地都在积极地为大家提供跟本地人毫无差异的出行服务。

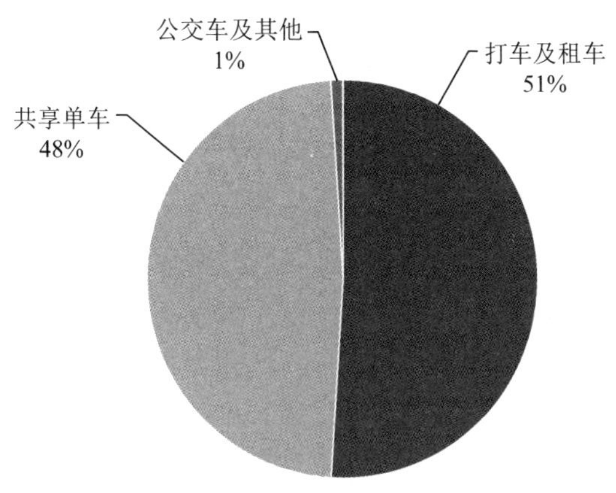

图 5　异地游客景区附近出行订单比例图

“游”是我们要多花一些时间来剖析的一个有趣现象，我们到城市里面游的是什么？近几年不管是在视频平台，还是生活方式类的分享平台，我们都可以发现，“行前种草”在营销方面发挥着非常重要的作用。“五一”期间有一张特别火的照片，即上海武康路一个非常平常的阳台，因为上面挂了一个蝴蝶结，每天有一个老奶奶不定时地出现，这个地方便成了外地游客到这里来旅游以及打卡的现象级地点。有时候扪心自问，我们总说旅游吸引物，其实生活本身所传递出来的一种文化、休闲、闲适的具有感染力的东西难道不是旅游吸引物本身吗？第二张打卡地的榜单，这是今年北京网信办和美团一起推出的北京 100 个网红打卡地的榜单，让人吃惊的是，大家耳熟能详的北京非常有名的国家 5A 级、4A 级旅游景区在这个榜单里面并不多，更多的是城市文化休闲空间、创意类及艺术类的休闲空间，也就是我们在日常城市生活中感受的一切，也是现在异地游客热衷来城市打卡的重要吸引物。最后一个现象就更不陌生了，丁真现象的出现，其实是很多游客想要去理塘感受丁真等当地居民的生活。所以这是刚才我说的“五一”期间比较有意思的事。如果放在今天大会主办场——山东，异地游客和本地游客在美团和大众点评两个 App 上喜欢玩的景区、去的目的地有什么样的重合和不同之处？一比较就会发现 80% 都是重合的（见

表1），所以有什么区别？我们的生活本身就是城市最大的旅游吸引物，就是这个城市所能焕发出的最大的文化魅力。同时，在这里还有一个需要特别强调和补充的点，近年内不容小觑的现象——夜游经济，前一段时间正好给上海做了一个夜经济的体验报告，发现在“五一”期间上海夜间经济本异地游客量比已经达到了一比一，过去很多时候旅行社旅游线路成习惯的时代可能觉得到了晚上城镇里面沉淀下来的都是本地居民，熙熙攘攘的城市安静了为什么？是因为外地游客走光了，现在不是这样了，现在越夜越美丽，城市到了晚上越来越丰富多彩，其中有一半都是异地游客所做的贡献。

表1　2021年4月济南本异地游客景区订单Top10

本地	异地
济南动物园	趵突泉景区
趵突泉景区	济南动物园
济南植物园	济南野生动物世界
济南野生动物世界	济南方特东方神画
济南马套将军山	青铜山大峡谷
济南方特东方神画	九顶塔中华民族欢乐园
青铜山大峡谷	济南马套将军山
九顶塔中华民族欢乐园	九如山度假风景区
石崮寨景区	济南植物园
龙山自然生态公园	百脉泉景区

注：其中画线部分是本、异地游客重合的景点。

“购”这个要素一般放在六要素最后一个，但这是美团平台能够提供非常有意思的、能够反映出生活和旅游相互融合的一个非常有趣的点，这两个图表也是呼应了刚才所提到的这么多外卖骑手送的是什么（见图6、图7）。很多人送的都是在“购”这个要素上异地游客在本地的商超、菜市场下的各种各样的单，他们到我们的城市来旅游之后除了体验我们不一样的本地文化和土特产之外，仍然想买一杯在自己的城市每天都能喝到的奶茶，他们同样想买到一束在自己的城市非常熟悉的花店里面出售的鲜花，可以看出，游客的生活和本地人的生活如此交织在一起。昨天晚上跟我一起同行坐一趟飞机来的专家在路上还跟我说，他觉得有点不舒服，等晚上到酒店以后要叫美团外卖的小哥送一盒药来。时代不一样了，当听到这个的时候，今天互联网平台能够为我们不分远近、不分本地异地的居民，提供毫无差别的生活化服务的时候，这时候我们纠结它是异地游客还是本地居民有什么意义？

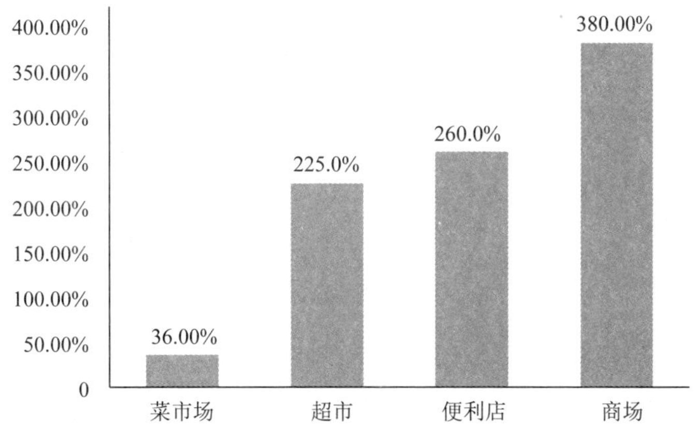

图 6　异地游客在济南便利超市等场景订单量同比增长图

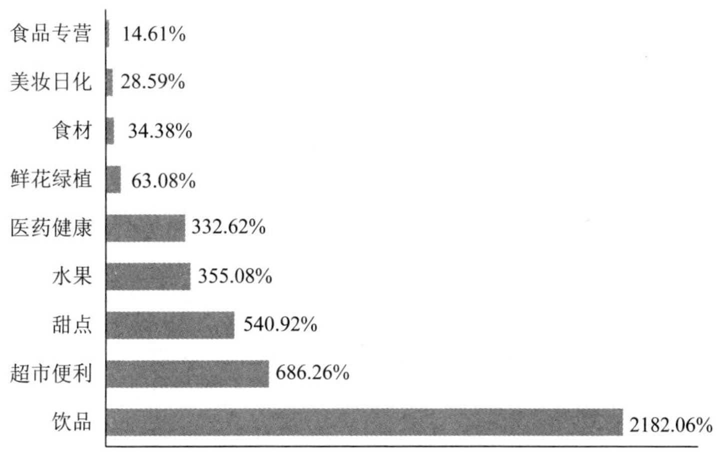

图 7　异地游客在济南购买商品比重图

“娱”，2021 年“五一”期间，在美团的平台上通过“娱”这个品类订购出的各种各样的演唱会以及沉浸式文娱产品的品类，能够看到现在各种各样线下的文娱活动已经吸引了不光是本地的市民，而且也成为外地游客来这个地方打卡的目的（见图 8），比如说我们举办的草莓音乐节、国潮音乐节、迷笛音乐节，粉丝都是来自全国的，这也是一个比较突出的旅游现象。我之前也介绍过，现在在“娱”这个方面沉浸式的消费体验指数趋势，近年来一是因为游客群体更加年轻化，他们对互动的、沉浸的、体验式的旅游产品更加追捧，二是因为我们在产品供给方面更加丰富，所以能够看到在“娱”这样一个环节呈现出更加多元化、更加生活化、更加本土化的趋势（见图 9）。

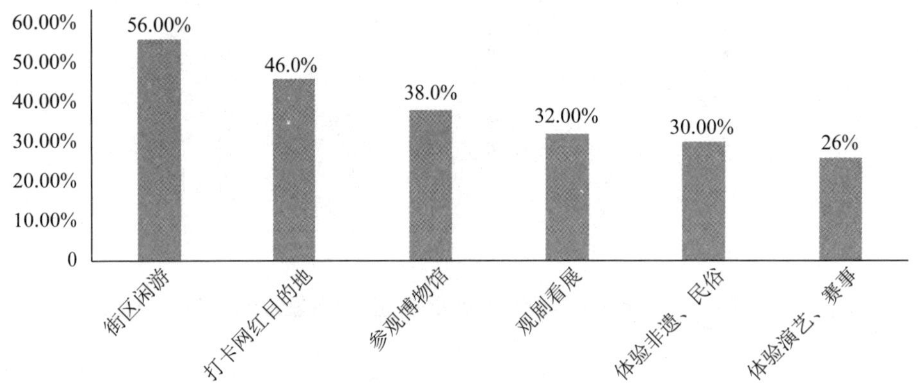

图 8　旅途中休闲方式选择比例图

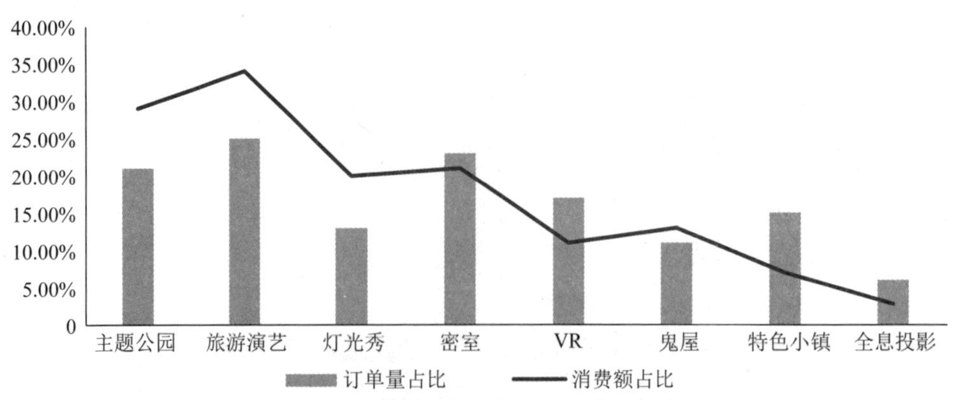

图 9　年轻人喜欢的沉浸式旅游产品类型及比例图

接下来我将分享一下美团作为“不算旅游企业”的旅游服务提供企业，我们的几点深刻认知。

第一，年轻人是今后旅游休闲消费的主力，不光是美团平台上的数据如此，我们也能够看到现在的年轻人跟过去不一样，他们不仅经济更加自由独立，而且他们用在旅游、休闲方面的开销更大，所以如何紧紧抓住这部分群体的需求，不管是旅游企业还是平台都是一直在着力突破的方向，如通过大众点评一直在用城市名片的方式引导年轻人从行前种草到行中购买再到行后评价，形成完整的旅游闭环。同时通过大众点评非常醒目的品牌，不知道大家有没有接触过必吃榜、必住榜、必玩榜，这是大量用户评选出来的他认为这个城市中最棒、最值得消费的地方。这也是为什么我们非常有自信在任何场合都认为可以为景区经营者、为当地政府提供一个售后反馈的渠道。我们沉淀了大量的用户评价，所以依据大量的用户评价形成的榜单现在不仅是本地人评出来的心目中的必榜单，也是外地游客愿意追随的必榜单。

第二，今天是在东营，我们每到一个地方都会为自己的主办方政府提出一个建议和诉求，并且和东营签订了一个整体的合作协议，我们依然认为一个城市如果连自己的市民都没有休闲好、没有旅游好，那它用什么东西去吸引外来的人？过去我们单纯依靠吸引外地游客作为地方旅游经济支撑的时代已经一去不复返了，能够看到真正散发魅力的旅游城市一定是自己的市民发自内心热爱自己城市的生活、热爱自己城市的文化，比如说长沙这么火那是因为长沙人自己就爱吃，重庆这么火是因为重庆人自己就很爱玩，对于政府来讲，更多地在吸引外地游客的同时，不要忘记了要把主客共享的城市空间打造好、经营好。这一点上我们一直在为地方政府提供美团的解决方案，我们用“三环、四端、六要素”完整地覆盖了一个城市生活的场景，我们不只覆盖旅游场景，我们做的是更大范围休闲生活服务的提供，以本地为核心，辐射周边，带动异地，以吃、住、行、游、购、娱所有要素的整合链条，从物理空间、虚拟空间进行全品类的覆盖（见图 10），为的是什么？是把一个城市自己的城市休闲空间真正经营好和引导好。

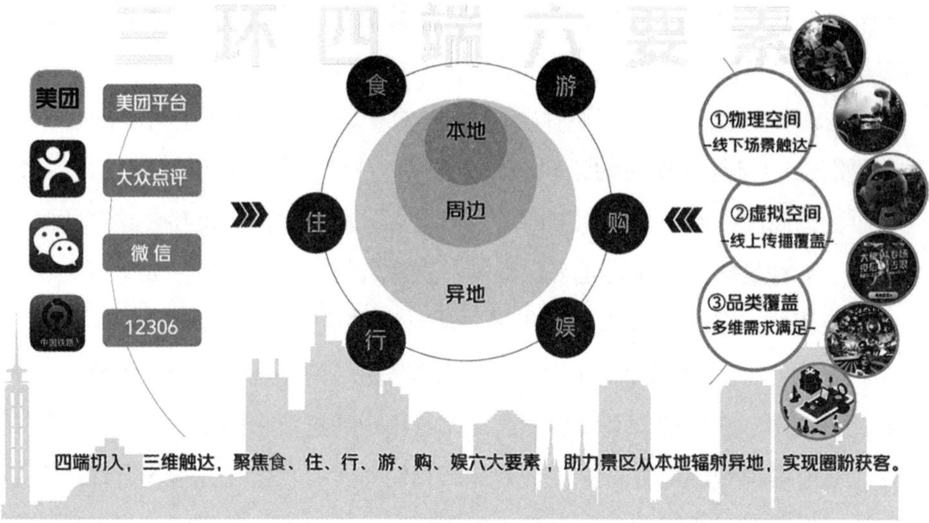

图 10　三环、四端、六要素图

最后有几个简单的案例跟各位介绍一下，一是现在我们推出了一个产品——文旅大脑，我们会把美团上跟旅游相关的所有产业大数据进行集成，且绝不仅仅是简单的集成，我们会根据这个集成进行深度的分析。美团的数据有一个特别显著的价值是实实在在的消费数据，并不是简单的浏览，不是打开了以后一定就会来消费、一定就会去，这个消费数据实际在很多维度能够为城市的经营者提供接下来在经营一个城市消费的时候所需要着力、发力的点。二是我们现在也在根据美团平台覆盖面比较大、覆盖用户比较广以及年轻用户比较密集的特点，进行城市名片或者是城市旗舰店的城市整体营销服务。比较著名的是“故宫以东”，故宫以东本身是一个政府项目，但在美团上实现了吃、住、行、游、购、娱且所有链条都完美展现在了故宫以东这样城市旗舰店的界面，因为我们的特点，本来并不是瞄准旅游六要素布局的服务，但是我们已经可以服务所有要素环节中。

大家也可以看到 PPT 上还有更多的案例，在景区维度我们现在也在做，比如与建业文旅做了景区会员旗舰店的页面，可以理解为是更小维度、更小范围内以城市为参照物的，小的封闭式景区内的旗舰店展示。在这里面美团有一个创新，我们现在对景区也在进行一种会员的沉淀，其实就是迎合了刚才和大家讲的观点，如果旅游成为一种休闲生活，游客不会这辈子只来一次，这可能会成为他日常、平凡、经常的消费，这样的消费习惯产生之后就可以进行多维度的会员沉淀和经营。

刚才给大家介绍了，我们在旅游服务以及文旅合作的维度，已经开始着力帮助地方政府以及帮助地方文旅部门提升以文旅服务和质量为中心的整体生活服务能力。过去我们总是在说“诗和远方”，好像要找寻心中的诗篇就一定要去到非常遥远的地方，但如果我们生活足够幸福、城市经营者和管理者足够具有先见之明和远瞻力，其实每个人都可以在家门口寻觅自己心中的远方、创造自己心中的诗篇。

最后一句话是我们希望接下来在座的各位，不管是景区的经营者还是文旅行业各个要素环节的经营者，我们希望能够帮大家吃得更好，生活得更好。

田园客厅计划

——全面乡村振兴时代的一体化新方案

田园东方研究院副院长　赵　军

尊敬的各位领导，各位专家，旅游界的同人大家好，很荣幸来到东营参加本次 2021 年中国休闲度假大会，今天我和大家分享的是田园东方近年在城乡融合以及乡村振兴领域里所做的一些探索与实践，以及综合思考之后总结归纳的“田园客厅计划”。

田园东方作为国内田园综合体理论的首创者和实践者被行业所熟知，近十年在田园乡村度假领域里做了诸多的实践探索，为乡村振兴发展提供了多类型可参照样本。

田园东方认为乡村领域的发展要聚焦点、线、面结合，通过综合开发思维，最终所要实现的是国家城乡社会经济体系全面化的发展。

乡村作为和城市一样的经济体和社会体，田园东方尝试性提出“在地村镇化”的发展模式，聚焦四个维度：产业与人口、空间与生态。通过产业与人口在空间与生态维度的“再结构化”，创新打造村镇融合的特色小镇、中心村等城乡新形态，构建城乡融合的新枢纽。

田园东方 2014 年在无锡实践了国内首个田园综合体项目，结合农村改革带动当地基础设施的投资，通过土地整理，农业农场群的建设，逐步形成文旅示范区的人气，推动特色田园乡村规划，带动区域发展和持续化运营。

可以说在无锡项目上，田园东方创新发展和植入了诸多在乡村区域的休闲时尚业态，田园东方内部总结归纳为“六菜一汤”。“六菜”是指精品民宿与度假村，以及文化书院、城乡市集、手作馆、咖啡厅和会议场馆，“一汤”是指田野农场。同时在农业领域结合在地特色农产品水蜜桃，通过一二三产业融合，通过产学研结合提升阳山水蜜桃的品牌价值。以蜜桃猪 IP 主题游乐型项目去激发在地人气，同时不断迭代升级休闲度假文旅产品，进而实现区域综合发展。无锡项目是田园东方在乡村度假领域从模式建构到乡村度假产品的开发和运营的一体化样板工程的初次实践。

对于乡村振兴这个系统化的工程，如何做，以及做什么？这是当下政府以及投身其中的企业尚待解决的难题。田园东方通过自身在长三角及成渝区域所做的一些项目实践，包括一些合作型文旅项目的操盘经验，于今年总结凝练了“田园客厅计划”，致力于打造乡村建设、田园文旅一体化的“样板间”。

我们认为“田园客厅”可以在乡村建设、城乡更新、农业产业园和田园文旅项目这四类场景当中形成示范区、样板间。“田园客厅”可以为四类人群做场景化营造，成为各地党委政府参观考察以及行业展示交流的接待厅，也是田园旅居者与休闲度假客的社交圈，还是原住民参与共创共享的生活场，同时也是周边都市人群休闲旅游的打卡地。

“田园客厅”在社会效益上践行连接、孵化、服务、驱动以及扬声五大效益，同时通过“7+1”创新田园文旅业态模型来植入乡村休闲度假产品（见图1），其中以自然游乐产品来形成项目的引流人气，通过展览展示、会议培训和文化生活等形成二次消费产品流量，再通过田园度假住宿型产品来放大项目的综合性效益。

不同的项目根据在地的农业发展基础，规划设计不同的示范型农业产业园项目。以下关于“7+1”产品业态的展示是田园东方在无锡、南京、宁波、南通等不同项目上实景的呈现。

展览展示主要作为在地文化展示，以及党建宣传的主阵地；会议培训主要服务于政府、企业、村民会务及培训等活动；田园度假主要提供精品民宿、度假村落及帐篷营地等不同主题住宿型产品；自然游乐聚焦田野游乐无动力设施项目，通过自创 IP 和合作型 IP 形成项目地人气聚焦场所，同时融合康体、研学等诸多产品业态，形成综合型旅游项目；在主题餐饮上作为在地餐饮美食体验的场所，提倡从农场到餐桌的健康生活理念；在文化生活以及城乡市集上主要为都市居民、游客提供社交生活场的配套服务设施。

图 1 “7+1”模式图

在农业产业园的打造上，一方面立足一二三产业融合，同时在产学研与当地政府及高校达成示范合作，多方投入来带动当地农产品品牌的塑造和提升。

田园东方在“田园客厅”计划里，根据各地不同情况组合化产品模块，形成差异化的乡村文旅业态产品模型构建。目前田园东方在全国多地所实践的一些项目，我们把它归结为以下五个“田园客厅”。

第一个是在江苏昆山金华村所实践的党建引领型田园客厅项目，田园东方从策划规划到建筑设计施工的全程服务，对村庄闲置厂房、地块、进行活化利用，改造为以“田园大讲堂 + 田园市集 + 亲子客栈 + 艺术庭院 + 金华故事馆”为主要业态的田园客厅。在硬件层面改善农村人居环境的同时，在软件层面也同步提升村民共建、共创意识，力图整体提升村庄治理和发展水平，并最终形成一个集农事体验、艺术田园、乡村众创、亲子度假为一体的（产、学、创、游）田园度假目的地。

第二个是产业发展型田园客厅，以今年田园东方设计施工运营一体化的南通都市农业公园为示范，这个项目也是我主持策规划设计落地的一个代表项目。南通都市农业公园依托在地农业产业的基础，以农田万亩为基底、科技农业为支撑、农耕文化为纽带、农业旅游为特色、持续运营为宗旨，打造“都市农业公园第一品牌”。通过“农业 + 文旅”的模式践行三产融合、三生融合，打造都市居民的休闲胜地、中小学生的科普阵地，农业技术的推广基地，同时也成为城市主城区的“新绿肺”。

第三个是文旅带动型田园客厅，田园东方成都项目作为都市田园的代表项目，该项目以“乐活田园”的文旅业态为先导，带动“爱尚田园”商业会展业态及村民共建的“新店子田园社区”同期开展经营。在文旅业态的带动下，迅速集聚人流、打响项目品牌，以乡村的形态、城市的业态，颠覆性改变城郊接合部格局，形成了集休闲、旅游、娱乐、养生、办公为一体的复合型田园生态。

第四个是商业更新型的田园客厅，田园东方宁波月亮郡主题商街位于宁波“一核两翼，两带三湾”核心三江片区，以临近的阿狸田野乐园为带动，将废弃的厂房改建为亲子主题商街，引进各类型亲子研学机构、主题餐饮、零售、亲子剧场、绘本主题馆进行统筹运营。通过规划引领、项目带动、产业提升、文化培育，带动整个洪塘西路时尚文化街区逐渐形成。

第五个是田园东方在南京打造的以社区运营为主题的田园客厅项目 - 南通汤山尚庄村项目，项目延续了原乡村落的生长脉络，从空间形态、建筑文脉和业态布局上，力图实现融合共生，尤其注重通过社区运营活化在地文化、实现城乡互动。最终打造成一个集原乡民居村落、特色乡村度假民宿、乡村零售业态、文创休闲体验、生态田园环境于一体的新乡村田园生活示范区。

可以说田园东方从提出田园综合体理论模式，到长三角及成渝区域田园文旅项目的落地，再到今年总结归纳的“田园客厅”计划，是从模式构建，到业务组建，再到产品实践的过程。

田园东方从 2012 年提出“田园综合体—文旅 + 农业 + 社区”的 1.0 模式

（见图 2），到如今田园文旅 2.0 产品模型的迭代，更多的是依托于田园东方自身产品运营体系的完善（见图 3）。也进一步推动了田园东方业务涵盖从规划设计到施工开发，以及后期运营的一体化，从而形成田园东方“文旅 + 开发”“文旅 + EPC”的双轮战略。

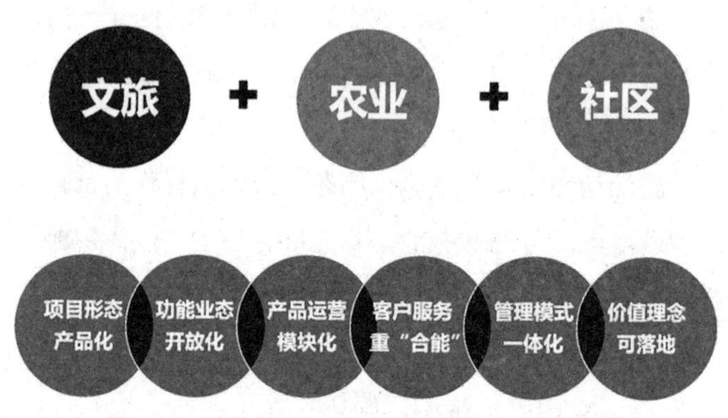

图 2　田园综合体 1.0– 田园综合体 2.0 模式图

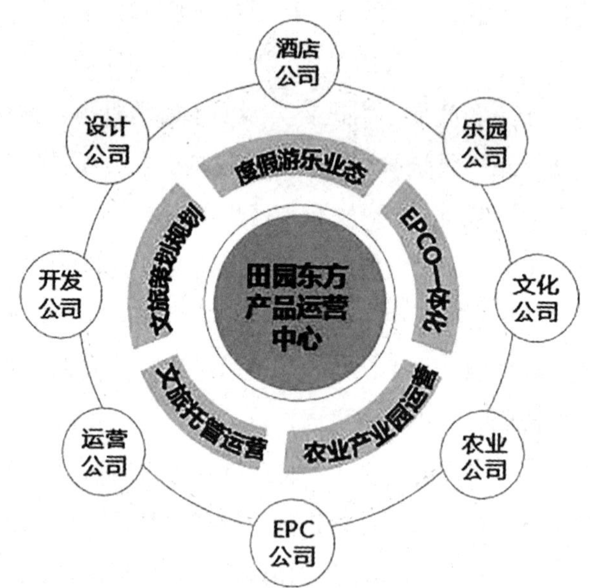

图 3　田园东方产品运营体系

“田园客厅”作为当下在乡村振兴领域、乡村度假领域里的样板工程，是展演农、文、商、旅有机融合的示范工程，作为田园文旅项目冷启动的抓手，是实现有效带动乡村振兴与城乡融合发展的有力产品。

以上是田园东方作为田园文旅一体化运营商在乡村振兴领域里所实践的田园度假文旅项目的一些思考，谢谢大家。

旅游新局：挖掘休闲内循环，推进文旅大循环

世界旅游城市联合会首席专家，中国旅游协会休闲度假分会会长
魏小安

我是最后一个发言的，这个会我听了一天，信息爆炸。我有一个工作习惯，多年以来我第一关注的是“实”，就是能不能落地。第二是“新”，就是能不能引导。今天会议的目的达到了，甚至超出了我的预想。我今天的题目是“旅游新局：休闲内循环与度假大循环”。

新战略就不用说了，但是新战略里涉及一系列问题，无论哪个地方还是哪个行业都在面临着一个选择就是战略性的选择，在国家推出的新战略里我们处在什么位置？应该发挥什么样的作用？我主要谈以下三个方面。

第一，决定旅游变化的因素。

一是宏观因素。

1. 疫情变化。到目前为止，我只看到了常疫情时代，尚未感受到后疫情时代，从 2020 年这个时候就开始有人说后疫情时代了，我就反对这个说法，一直到今天还是如此，很简单，这次大会就直接受到疫情的干扰，中高风险地区的演讲嘉宾无法来到现场，只能做视频的发言，在这个时候我们还讲后疫情吗？不，但是这并不意味着我们不可以做事，现在世界风雨飘摇，中国绿岛独具一格，所以我们的特点在哪儿？制造业和外贸都有双循环，旅游的双循环看不到，即使争取，短期内也无望。泰国、日本、摩洛哥、西班牙都在说：只要打了疫苗就欢迎你们来旅游。可他们开放了，我们敢去吗？在世界疫情没有定局的情况下，我们没有双循环，反过来形成一个什么好处？加大了国内的消费。中国人出境旅游消费一个说法是 1500 亿美元、一个说法是 3000 亿美元，

不管怎么样，这些钱现在花不了都回来了，但是移民、留学仍然火热，所以这一块还是有的。

2. 经济变化。总体来说宏观报喜、微观报忧。消费是在阶段性地恢复，长期来看消费未必能够景气。

3. 城市化变化。中国城市化率已经超过 60%，这是个阶段性标志，意味着以增量为主导的阶段过去了，存量挖掘的阶段来临了。

这三个因素都是决定旅游发展的因素，而不只是影响。城市化变化的阶段性来临了，旅游发展的阶段性何在？我的看法是，中国旅游发展到现在 42 年，我们硬开发的阶段已经过去了，软开发的阶段来临了，所以现在招商引资一点都不重要，招才引智才是根本性的东西。

（1）城市有机更新，这是我们下一步城市发展的方向。

（2）城市人文的追求，这种追求越来越提升，要求越来越高，实际上也把城市的短板暴露得越来越清楚。

（3）城市文化的挖掘，今天一天大家都在讲在地文化，没有挖掘哪来在地文化？

（4）城市消费转型，这四个变化直接决定了旅游下一步的发展方向。

我们现在的短板是什么？

第一个短板就是城市管制的问题。我们说休闲，休闲没有人气，休闲不能放松，这叫什么休闲？脏、乱、差这三个字不可等同而论，脏我们不能容忍，差我们不能接受，可是乱一定要接受，比如晚上我们去休闲，哪个地方都不能摆摊、不能撸串、不能喝啤酒，这叫什么休闲？这在很多城市都不行，大家都不知道干什么，实际上通过这种极端的城市管制把城市休闲的空间大大压缩了，本来有很多休闲的需求也被压缩了。

第二个短板就是城市管理者和项目开发者的审美境界、审美要求以及能够达到的审美水平。为什么大家都批评千城一面，费总还担心黄河的开发同质化，我也有这个担心，什么原因？就是我们多年来的工业化追求使我们在审美方面几乎没有追求，实际上就是一个问题，包括管理者和开发商，他们的审美境界和审美追求决定了一个地方的审美水平，也决定了一个地方的人文气质，决定了一个地方的文化挖掘，这是现在最大的短板，这个短板说起来最软，实际上影响最硬。

二是旅游发展因素的变化。

我归纳了以下九个因素变化。

1. 传统资源开发殆尽，影响逐步淡化。这是现在的基本情况，投资投什么？做什么？传统资源已经基本找不到了。

2. 传统产品统治市场，后劲逐步减小。目前为止，统治市场的还是传统产品。传统产品是什么？以观光为主体的产品，占市场主流型，从长远来看仍然是主流型的，不能因为休闲度假的发展就否定观光旅游，第一代的旅游者一定是观光旅游者，但是后劲逐步减小。

3. 传统市场全面转化，新老交替进行。大家都很关心“Z 时代”的“90 后”“00 后”，我们这些老家伙谁来关心？老年旅游市场也要关注，这是新老交替的时代，而且老年人也在逐步变化，他们有大把的时间也有点钱，但是舍不得花钱，所以老年人的钱基本被骗子骗走了。但是现在不同了，很多老年人敢花钱、想花钱，我们要让他们会花钱。

4. 跨界发展形成常态，传统企业式微。我们现在已经很难划分哪个是旅游企业。是不是旅游企业一点都不重要，重要的是你干什么事，像美团，我原来以为美团就是卖菜的，后来了解了一下才发现美团不得了，美团是生活服务平台，旅游、观光、休闲、度假在里面占有重要的分量，这样的企业不是旅游企业吗？可是传统的旅游企业实际上在一步一步地下滑，这就叫式微。尤其这两年的疫情，疫情客观上产生了一个作用就是使产业结构得到了调整，大把的企业倒闭，企业倒闭我们当然心痛，但是要看倒闭了什么样的企业。比如说原来的僵尸企业，倒闭就倒闭了，严格地说僵尸企业的存在是占用了资源，但是资源的效用很差，这样的企业倒闭怎么了？所以实际上产业结构的被动调整或者强力调整正在进行，其中最大的变化就是传统企业式微。

5. 产业结构不断变化，新兴业态涌现。这是大家最关注的，今天的会我们也看到了，新业态、新企业、新做法、新经验、新模式，一系列新动力都出来了。这样就使产业结构在不断地变化，而且疫情影响下来大者恒大，资源在向头部企业聚集，大的越来越大。优者生存，有一些中等企业或者小型企业可以生存，因为它优，可是乱七八糟的企业该退出就退出吧。

6. 投资结构超越旅游、跨越领域进行。现在碰到很多投资商我都在问：你们投旅游是投什么？他们的概念都是一个景区 + 一片房地产，这就叫旅游投资吗？这样的旅游投资意义不大，因为景区没有多少可投的了，可是跨界进行的像融创文旅城，这是什么企业？就是跨界企业。从传统旅游尤其我这种老旅游角度来说，感觉他们就像强盗进来抢，后来我一想这个观点不对，我到底站在什么立场上？我们应该站在发展的立场上，站在发展的立场上就不应该有任何界限，不应该有任何条框，只要有利于发展就可以。

7. 区位优势逐步变化，交通优势显现。很多地方说：我们很有区位优势，是几个大城市的中心。看了地图我说，你是几何中心而不是交通中心。有些区位优势实际上现在变成弱势，但是只要大交通跟上来了就会把你的区位优势和弱势逐步调整变化，未来的发展这一条是非常关键的。比如像云贵川，尤其贵州，原来地无三尺平，现在贵州一马平川，高速公路出了隧道就是桥梁、过了桥梁就是隧道，很自然调整过来了。可是像胶东半岛区位优势很好但是交通优势不具备，所以就会影响这些地方的发展。

8. 城市聚集格局突出，群体发展领先。下一步，建议各位投资商找城市群，国家大的格局基本定了，若干大的城市群是我们整个国家发展的主导。城市群的聚集效应越来越突出，对旅游来说，最大的聚集是人口聚集和消费聚集，人口聚集了、消费聚集了，你不到那里去投资你在干什么？这就是一个大趋势。

9. 世界领先态势形成，新型发展引导。像金准博士刚才说了一个观点我很认同，什么国际化，严格来说中国旅游发展到今天我们前面没有标杆了。我们习惯性的就是对标，什么事情无论地方还是企业动不动就是对标，我现在就问：对谁？原来一说是新加坡，新加坡是一个城市概念；说对瑞士，瑞士是一个区域概念，瑞士8万平方公里，黑龙江大兴安岭也是8万平方公里，我到大兴安岭的时候说你可以对标，跟瑞士对标。但这么大一个国家、这么大的消费市场我们找谁对标去？尤其经过这几年的发展，我们在世界上已经形成了一个领先态势，这就要求我们有一个新型发展的引导。

三是休闲度假蓬勃兴起。

城市休闲是大众性的，乡村休闲是普遍性的，度假享受是新型消费，房车和营地是未来导向，这是中国旅游未来的发展趋势，消费引领供给，供给促进需求。这样的过程从拉动消费来说，以短补长是一个选择，每个地方的发展都有长有短，首先我们要长短相较，其次要扬长避短，最后要研究如何化短为长。有些地方有些因素是短板，我们能不能把它变成长板？是可以做到的。旅游发展的弹性很大，现在高频次、短距离、低单价、大众化是一种趋势，但是形成了市场分工体系，长短结合、高低俱全是成熟的表现。我今天接受记者采访有一个感觉，大家总说这个低端不行、这个大众不行，这错了，任何一个经济体系一定是高端、中端、大众，任何消费一定是分层次的，我的看法是，只要有效益，能挣钱就是好的。你倒是高端，高端了半天没人消费，这样的高端有意义吗？但是一个产业的成熟一定是体系化的，这种体系化的成熟才是这个产业真正的成熟，一种倾向压倒另一种倾向，现在一谈高品质发展就觉得什么都要追求高品质，什么都追求高品质的话谁来消费？有钱人毕竟是少数，更何况有钱人反而不花钱。

循环就是要转起来，这涉及流量与流速，流量越大，流速越快，作用越大，旅游的内循环、大循环就是这样一个概念。在发展的过程中基本的追求就是追求后工业化的发展，因为我们现在还是处于工业化后期的发展格局之中，关键是我们现在的思路大体上还是一个工业化的思路，但是面对的消费、面对的需求已经是后工业化的需求了，这里面就形成一个落差，如果我们能够追踪后工业化的发展就有希望。

第二，要素的变化。

旅游要素可以分成三类。第一类是运营要素，第二类是发展要素，第三类是环境要素。在旅游发展的不同阶段这些要素的权重在变化，结构也在变化。在发展初期运营要素第一，可是现在很多人的思路还陷在初期，很多招商引资还是追求这些东西；到了中期发展要素第一，这些发展要素我们能不能完善化？旅游也有营商环境问题，这里面的根本就是发展要素的完善；到了后期，环境要素越来越突出，这意味着政府在其中的作用越来越重要。所以对应发展态势优化要素结构，这是下一步中国旅游业普遍需要回答的问题，从地方来说是，从企业来说也是，要素结构是不是优化了？前些年的追求是运营要素结构的完整，现在已经不是这个了，现在的要求是运营要素结构的优化，达不到优化有长有短就必有一堆企业亏损，一直到现在为止我都很奇怪，我刚进旅游业的时候听到一个说法——1980 年旅游投资见效快、效益高、创汇多，后来进了旅游业发现这个说法不对，这是短缺经济时代旅行社的现象，这怎么能够变成旅游业的东西？到后来我发现，旅游业长线投资长远回报，整个行业从投资效益来说一直不容乐观，也不能说从来没好过，20 世纪 80 年代到 90 年代上半期这一段还可以，大体上从 1996 年以后旅游效益就没好过，没有人关注，但是很多跨界经营借助旅游业赚了很多钱，因为他看明白了，我们自己反而看不明白，所以就需要我们抓机遇、谋发展，这里面的根本问题就是赋能消费。

对于消费者来说，体能增长、技能增加、智能丰富，中国人不会玩，现在要追求好玩、玩好，所以就有教育赋能、技术赋能、时间赋能、金融赋能、环境赋能、文化赋能等。我们总说消费者的水平不能提升，因为我们没有这个教育，一些欧美国家从小就有养成教育，每个人都玩运动项目，每个人都玩乐器，这是人家的传统，我们有吗？我们就逼着孩子考高分，现在来看，这一系列赋能也是我们现在全面发展的短板。

第三，抓住机遇，触底反弹。

1. 从世界范围来看，现在民众恐惧，希望不要恐慌。中国恐慌、恐惧都过去了，希望中国不要松懈，现在政府部门高度警惕，老百姓已经完全松懈了，管他一下他还挺烦，认为管什么管，可一旦出事大家又紧张了。

2. 旅游已经大伤元气，从消费来说也在伤元气，我们都在研究对策。

3. 常疫情之下的反弹应当是一个过程，我不太赞同今年“五一”疯狂、报复性消费，爆炸性增长，旺丁不旺财这叫报复性消费吗？我认为形势不容乐观。

4. 从企业来说，一安全、二健康、三质量、四创新，这是基础，但是这些都需要成本。我从来不赞同优质低价，因为这违背了规律，从疫情开始我就担心恢复阶段的恶性削价竞争，现在来看是一团乱象，恶性削价竞争看到的不多，我倒看到了恶性涨价，尤其今年“五一”，这涨疯了，这干什么呢？这是杀鸡取卵，大家对这个市场缺乏信心，实际上反映的是这个问题。只为了眼前的人气怎么能长远发展？

5. 此次能扛得住的企业有一堆因素，我就说说蓝海御华，我跟张董事长聊了一下，问去年损失了多少？他说去年为了稳定队伍补贴了 5 亿元，他们 300 个部门经理都提出来不领工资，不领工资怎么能行？违背市场规律，但是他们这一步撑住了，今年超过了 2019 年，我担心的就是“五一”旺一把，但是“五一”之后也持续了，为什么？一是人才战略，二是技术战略，三是机制战略，这三个战略使得 2 万多名员工规模的企业集团在这么大的困难下挺下来了，所以成必有成的原因、败必有败的理由。

说到底，2020 年我们熬下来了，2021 年活下去，我对今年的形势没有那么乐观，2022 年火起来，我希望能走到这一步，生存第一，再说温饱，最后谈发展，我们熬有熬的方法、熬有熬的精神，说到底就是凝神聚气。

休闲度假我不认为这是个产业，休闲度假是一种生态，是一种社会生态、一种消费生态，它也是一种社会现象，反过来倒是产生了一点，由于传统的旅游走不下去了，现在大家都开始重视休闲度假了，这是好事，也是我们的机遇。我也希望我们抓住这个机遇来谋求新的发展，这个发展不是说要增长多少，而是至少我能活下来，其次能够不断地提升，我们的目的是提高人民群众的生活品质，让大家有更多的幸福感。谢谢各位。

蓝皮书

对话篇 06

圆桌对话一：建设黄河国家文化公园

主持人：北京第二外国语学院教授、文化和旅游部“十四五”规划专家委员会委员厉新建。

对话嘉宾：

中国旅游协会副会长，山东省旅游行业协会会长，山东大学旅游产业研究院院长、教授王德刚；

陕西旅游股份有限公司副总经理费文娟；

中国社会科学院旅游研究中心秘书长金准；

山东黄河三角洲国家级自然保护区管理委员会党工委副书记、副主任韩松林。

厉新建：很高兴今天有机会跟大家聚到东营，“黄河入海，咱们回家”。本环节我们讨论一些大事，讨论一下黄河国家文化公园建设的问题。2019 年 12 月 5 日，两办发了关于建设长城大运河和长征国家文化公园的建设方案，到了 2020 年 10 月，十九届五中全会提出，在原来三个国家文化公园基础上增加一个黄河国家文化公园。今年 3 月，“十四五”规划里面进一步提出，打造具有国际影响力的黄河文化旅游带，可以看出黄河文化公园的建设非常重要。对大家来说国家文化公园可能比较陌生，大家关注的比较多的是城市公园，原来关注比较多的是西方国家的国家公园，国家文化公园对我们来说是新的事物。下面请来自国内知名的旅游研究智库中国社科院旅游研究中心秘书长金准讲一下，您觉得国内外有没有一些经验让我们在建设黄河国家文化公园过程中可以借鉴参考的？

金准：首先国家文化公园是中国命题，是中国自主提出来的，与国外国家公园体系、公园体系、景区体系有很多不一样的地方，我们考虑的线索只能是目标导向或者是需求导向，目标导向就是建地标体系、文化价值体系，需求导向这个话题就比较大了，我们前几年专门做过一个黄河旅游的研究，研究的时候发现，黄河旅游的发展有非常多的需求需要突破。

从地理上来说，黄河是一个显性的概念，但是发展是隐性的，所有中国人都知道黄河，我们把黄河里面所有有价值的点汇集起来做中国价值的赋值，如世界遗产占多少分、文化坐标占多少分、博物馆占多少分，可以发现，黄河在整个中国文化价值体系里的占比是非常高的。

但是从另一个方面来看，大家对黄河的认知是什么？其实是非常散乱的，到黄河看什么、到黄河了解什么、黄河是什么，都非常不清晰。黄河跟长江不一样，长江处于城市带里面，大家对长江是看得见、摸得着的，沿黄河的区域、城市之间直接交易和贸易往来是相对较少的，特别是旅游上没有形成大的市场，没有大的市场就没有大的融通。

从文化层面来看，如果回到中华民族的发展和生存的母题上面去看黄河文化，就知道中华民族是如何起源的，如果去研究黄河生态会发现，它紧紧扼住了中国生态的命脉，看黄河民族交流史会发现，中华民族的交流史，很大程度上是黄河交流史，其文化的地位是至高的。

从经济层面来看，黄河沿途九个省形成了三个发展台阶，各个台阶需求各不一样，有的已经进入工业化后期了，整个需求是工业化后期的结构，有的地方还处在比较早期的状态，所以发展需求也不一样。从整个发展战略定位来说，上游有它的生态的问题，是中国的生态命脉；中游有中部崛起的问题，是中部地区能不能发展起来的问题；下游涉及蓝色经济的问题，整个黄河上面赋予了各种各样大的命题，这种命题怎么突破？今天拿到文化公园的命题可能会形成新的突破点，从文化出发，成为一个问题集合解决点。

国际经验可以看一看新加坡，最早的时候，西方社会对亚洲的了解，就像我们今天了解黄河一样是并不清晰的，那时新加坡把自己做了一个定位，就是任何想了解亚洲的西方人到了新加坡就可以初步地理解亚洲是什么，他们把各种各样亚洲的资源汇集到这个地方，把人才、科技、旅游、文化、民俗汇集到这个地方，形成了一个关键节点，成为大家理解亚洲的进入口。从这个角度上来说，建设黄河文化公园也要形成一个继承的发展平台，用一个个节点汇聚各种资源，告诉中国的国民和国际友人什么是黄河。

厉新建：谢谢金秘书长，黄河对绝大多数中国人来说可能还不是一条具象的河流，也许更多的是文化的印象，这里面涉及的文化的元素非常综合、多元、繁杂，在这样的情况下建设国家文化公园可能会比较难，因为在这里面我们有很多建设，以往的建设中块状建设的比较多，这次提出来四大国家文化公园要线性建设，携带的东西也非常多，像东、中、西的上、中、下游经济发展的状况也不太一样，而且黄河的发展跟长江不太一样，长江某种意义上来说有一条长江经济带的概念，但是黄河没有黄河经济带的概念，不像长江一样有从上到下、一以贯之的可以贯通的元素，发展起来非常难。

刚才讲到新加坡作为中西方文化交会的枢纽的例子非常有启发，在下一步过程中怎样做好节点的建设，通过节点支撑起黄河国家文化公园建设是非常重要的。有很多东西说好说，但是做难做，很多东西做的时候要有具体的推进主体，在座的王教授是中国旅游协会的副会长，在今天社会经济发展过程当中，行业协会扮演着非常重要的角色，请王老师跟我们讲一讲，旅游行业组织应该怎样参与到黄河国家文化公园建设过程中?

王德刚：大家都知道，无论是行业组织还是民间组织，在国际上都被统称为NGO，民间组织是现代社会治理体系当中一个非常重要的组成部分，而且治理体系越具有现代性，民间组织的参与度就越高，重要性也就越强，这是民间组织在当代社会治理体系当中应该承担的角色。从行业协会来说，无论是中国旅游协会还是我担任会长的山东省旅游行业协会，我们一般秉承三个宗旨，服务政府、服务会员企业、服务产业发展，从三个不同的角度来服务整个经济社会的发展和进步。

从黄河国家文化公园的建设上来说，我前两天刚写了一篇文章“黄河祭祀与黄河母亲河形象的塑造”，我为什么写这篇文章？这是一篇历史考据学文章，我想起来，当年毛泽东主席在中国治理大河这件事情上曾经有过三次批示，一个是1950年讲的治理淮河，说一定要把淮河修好。一个是1952年讲的黄河，说要把黄河的事情办好。一个是1963年讲的海河，说一定要根治海河。同样是对三条河，但是老人家的语气是不一样的，对海河是要根治，但是对黄河却是充满敬意，就像一个晚辈要完成长辈交代的事一样，我们要把黄河的事办好。

我们历史上曾经延续了5000多年的黄河祭祀，从大禹治水的时候就有，黄河上游马家窑文化遗址当中出土的彩陶，其上面有手拉手的人群伴着篝火在三条水线旁边跳舞。有的历史学家考证这就是距今4000年、5000年之前人们最早的黄河祭祀活动。到了唐朝的时候，黄河祭祀已经被确定为国家公祭活动，当时对祭祀的仪式、祭品的数量，什么情况下要皇帝亲祭，什么情况下由地方官代祭讲得非常详细，一直到民国初年（1914年）被正式废止。

我们黄河比喻成母亲河，但在当代，我认为我们仅仅是表现在口头上、文献上，在现实当中有对母亲的敬意吗？比如有仪式吗？有标志性的活动和符号吗？没有。我在山东、青海分别给两地的政府提出来说，我们能不能借建设黄河国家文化公园的机会恢复黄河的国家祭祀活动，基本没有回应，所以我就想能不能从民间组织先开始，我以山东省旅游行业协会的名义联合沿黄九省旅游行业协会、黄河文化促进会，先期从民间角度恢复黄河祭祀，用黄河祭祀作为一种标志性的仪式把黄河母亲河的形象从我们这代人手里重新立起来，推动它一步步从民间走向政府，在当前这种状态下民间组织在一定的范围内应该走在前面。因为黄河祭祀是黄河文化最重要、最具标志意义的文化活动，要完整地传承黄河文化、树立黄河母亲河的形象，恢复黄河祭祀是不可或缺的。

厉新建：谢谢王老师，王老师提出了一个非常好的构想，他讲到了三条河，毛主席对三条河有不同的指示，也看到了不同河在整个国家发展、文化认同构建过程当中的地位，可能也正是因为它太崇高、太神圣了，当我们真的要去做一些落地型项目建设的时候反而会带来很多困难，如果很多工作都由政府去做，操作起来可能会变得更加复杂。王老师建议能不能从行业组织的角度甚至是一些公益性的角度来推动，怎样让黄河标志性的形象通过标志性的活动在社会大众的文化认知过程中树立起来，像金秘书长讲的，只有需求到位了，供给才能够跟上，通过祭祀活动把文化认同构建起来，可能大家对黄河国家文化公园后续提供的产品业态创新才会有更多的诉求和需求。非常感谢王老师非常具有创新性的看法。

除了刚才讲的行业组织之外还需要有企业，接下来的问题请费总回答一下，您觉得在打造黄河国家文化公园过程当中，旅游企业在里面应该怎么去把握黄河国家文化公园建设对旅游企业带来的一些机会？

费文娟：目前旅游企业对黄河国家文化公园整体发展的研究和介入还不是很多，在国家提出这个发展战略以后，我们也关注到关于长征、黄河、大运河等一些国家文化公园开发保护利用趋势和案例，我个人更多关注的是怎么从案例中汲取一些经验教训，来想清楚我们应该做什么，不应该做什么。基于一些观察案例，我们要警惕开发过程中可能出现的“四个一”问题：一个本、一根筋、一窝蜂、一锅粥。

一个本。这个很好理解，一旦国家出台某项大政策，形成某种趋势和政策导向，很快就会有各路人马纷纷出台一些政策、规划来匹配响应。但实际上很多政策规划都是在研究思考不成熟的情况下仓促跟风上马，规划往往千本一面，雷同的策划、抄袭的创意，造成重复投资、重复建设的浪费，前两年如雨后春笋般涌现，近两年又纷纷关门倒闭的古镇开发就是一例。

一根筋。黄河流经了 9 个省、60 多个市，需要整体的发展协调和规划，需要地方政府和行业的全局观和超前的发展视野，甚至牺牲让位。但是出于地方经济发展的考量，区域规划、发展理念、地方政策一定会有冲突，囿于局部的小利益、小格局，长远谋划，平衡发展有时候很难。

一窝蜂。刚才说了国家政策出台初期会形成一个价值投资洼地，各路资本纷纷下场套利。目前我们在黄河文化公园开发中暂时还没有看到，但是长城国家文化公园已经有这个趋势。因为长城遗迹大多地处偏远，本身经济不太发达，更希望迫切抓住政策东风，举全市、全县之力去打造一些大体量项目，比如超体量的游客中心、超大规模的地标性雕塑、建筑物等，基础设施建设不匹配于地方经济发展现状，投资过量、发展透支，造成地方财政负担过重，隐患重重。

一锅粥。当前文旅产业发展迅速，旅游业主动与多业态融合，不断出圈，各种新生业态与行政管理上的滞后之间形成矛盾，既是机遇，也是挑战。

要解决这四个问题，我们有三点不成熟的想法可用来抛砖引玉，过程中更需要大家群策群力。

第一是在黄河国家文化公园发展过程中三观要正。黄河国家文化公园不仅仅是民族的，也是世界的，是全人类的，站在这样的格局里思考如何开发黄河国家文化公园，我们的心胸和视野可能更加开阔，不会纠结在眼前或局部利益上。

第二是本事要够。旅游企业在旅游管理上会有一定的经验，但国家文化公园不仅仅是旅游开发这样简单的命题，而是涉及生态、科普、环保、地质、历史文化等方面的研究，是综合业态的平衡发展，这对旅游从业者提出了更高的命题。

第三是心态要好。要完成 2025 年建成黄河国家文化公园的目标，但绝不能为了这个目标产生一些短视行为，互相攀比。我们需要一个长远考量和综合评估，如何实现协调化发展，绿色化引领、科学化管理、品质化开发等，时间才是最好的阅卷老师。

厉新建：费总讲了“四个一”和三点建议非常好，很多时候大家很清楚，有些时候我们需要知道做什么，但是有些时候我们更需要知道不能做什么。2025 年我们要基本建成黄河国家文化公园，这个时间非常短，时间短的情况下，可能原来我们所讲的谋定而后动就会抛在脑后，在下一步建设过程当中，如何处理好“建成”和“建好”两者的关系是非常重要的。

黄河流经 9 个省，涉及大中小 60 多个城市，在黄河国家文化公园建设过程当中大家会不会一窝蜂上马之后搞了很多雷同的项目，到时候投资会过剩？

或者有的地方想借东风，但是它自己的资源又不那么好，小事件再搞大建设又造成大量投资的浪费，这是值得黄河沿线 9 省市在发展过程当中应重点去关注的。

刚才讲到有 60 多个大中小城市，肯定就包括黄河入海口的城市东营，下面请问一下韩副书记，作为黄河入海口的守护人，在黄河国家文化公园的建设过程中，你们怎么看待所面临的机遇和挑战？

韩松林：作为黄河入海口景区的管理者和从业者，今天能和这么多专家同台来探讨建设黄河国家文化公园这个国家大战略，来当面请教黄河文化传承、黄河文化和旅游融合的问题感到非常高兴。

黄河从东营入海，想必今天上午听了陈必昌市长的致辞，感受到了黄河入海口的风光和特有的文化。有一些领导同志和专家也实地到过黄河入海口，黄河从东营入海沉淀的不仅是肥沃的土地、丰富的物种，更是深厚的黄河文化。我曾经形象地说，在黄河入海口抓一把泥沙都是文化，来自黄河从三江源头经过 9 个省区的文化在这里沉淀，大河息壤文化非常厚重。在这个时候，建设黄河国家文化公园对于传承和弘扬黄河文化、增强民族自信心的意义不用再说。

像习近平总书记讲的那样，黄河文化是中华文明的重要组成部分，是中华民族的根和魂，要深入挖掘黄河文化蕴含的时代价值，讲好黄河故事、延续黄河文脉、坚定文化自信，为实现中华民族伟大复兴的中国梦凝聚精神力量。习近平总书记讲的就是建设黄河国家文化公园的内涵，说得非常语重心长，我们非常有感触。

作为黄河入海口景区，我们迎来了国家建设黄河国家文化公园的机遇，这对于我们来讲非常难得，我们有一些思考，就是如何借助融入黄河国家文化公园这个机遇，借助黄河流域生态保护和高质量发展上升为国家战略这种重大机遇，借助我们依托黄河三角洲国家自然保护区，建设黄河口国家公园的机遇。黄河口国家公园是国家林草局牵头，这是习近平总书记亲自提的题目，和黄河国家文化公园还不是一个事情，两个机遇叠加对黄河口生态旅游区来讲非常难得，想抓住这个机遇，需要打好三张牌，做好三篇文章。第一张牌是打好资源牌，做好塑造世界旅游品牌的文章；第二张牌是打好生态牌，做好自然体验的文章；第三张牌是打好情感牌，做好黄河文化认同和文脉延续传承的文章。

1. 打好资源牌，做好塑造世界旅游品牌的文章。黄河从我们这里入海，我们有三大世界级旅游资源，这是我们引以为荣的，黄河入海、新生湿地、鸟类天堂，这是不可复制的、世界级的、唯一性的旅游资源。这里也是与泰山齐名的山东文化名片之一，王德刚教授也是东营市政府聘请的顾问，对我们打造黄河入海文化品牌提供了大量的指导意见。旅游资源是世界级的具有不可复制性、唯一性，我们想借助黄河国家文化公园建设把世界级旅游资源转化为世界级旅游品牌，我们的机遇非常好。

2. 打好生态牌，做好生态体验的文章。生态是黄河入海口最亮的底色，东营也是全球首批 16 个国际湿地城市之一，有绿草连天的辽阔、万鸟翔集的雄奇、一望无际的新生湿地、芦花飞雪的飘逸，一年四季有不同的景观，黄河入海口这个美丽的画卷，既是黄河母亲的恩赐，也得益于我们这些年持之以恒的守护和坚守，刚才李教授说我们是黄河入海口的守护人，我们感到非常欣慰也非常引以为荣。

2019 年 9 月 18 日召开的“黄河流域生态保护和高质量发展座谈会”上，习近平总书记语重心长地叮嘱我们，黄河三角洲是我国暖温带保存最完整的湿地生态系统，你们一定要做好保护工作，提高生物多样性。习近平总书记对我们的期望非常高，他在不长的讲话中有三次提到东营，提到黄河三角洲，足见习近平总书记对这个地方的关注和期待。

当前，我们正在按照习近平总书记的要求和顶层设计推进黄河口国家公园建设，设立黄河口国家公园也是全民共享打造这个地方的重要举措，今年 10 月中央可能要在昆明召开的世界多样性大会上宣布包括黄河口国家公园在内的全国首批国家公园的设立，所以，我们提出来借助黄河口国家公园和黄河国家文化公园的建设来发展生态旅游，打造践行绿水青山就是金山银山理论的黄河入海文化旅游目的地，同时我们已经向省教育厅、省文旅厅提出申请，依托黄河入海口生态湿地系统、依托 370 种丰富的鸟类资源和黄河文化，创建国家级的中小学生研学基地。我们去年已经获批山东省中小学研学基地，现在正在创建国家级的中小学研学基地。同时我们也依托这些生态资源来建设黄河三角洲生态文明学院，面向全国、面向国内党政干部开展生态文明教育，发展生态旅游。

3. 打好情感牌，做好黄河文化认同和文脉延续传承的文章。习近平总书记深情地说，黄河是中华民族的母亲河，千百年来，奔腾不息的黄河和长江一样孕育了中华民族，哺育了中华文明，习近平总书记同时发出了“让黄河成为造福人民的幸福河”的伟大号召。如果说大海是黄河的归宿，黄河入海就是母亲回家。所以，我们东营市委、市政府立足于入海口这个城市的特色，经过反复论证、多次征求包括王德刚教授等在内专家的意见，确立了“黄河入海，我们回家”这个品牌，“黄河入海，我们回家”实际就是说黄河入海奔涌的浪花呼唤天下华夏儿女回家，以中华儿女依恋母亲、感恩母亲、报答母亲的朴素情感来宣传、推荐黄河入海口，以认同和传承黄河文化的历史维度来打造黄河入海文化旅游目的地。“黄河入海，我们回家”这个品牌看似接地气，实际就是牵着黄河母亲的衣襟，跟着黄河母亲看大海，跟着黄河母亲回家。

厉新建：谢谢韩主任。刚才听到韩主任讲到了应对机遇和挑战的过程当中，手里有三张牌，要做好三件事，过程当中他讲到了很形象的比喻，这里抓起一把沙都是文化，文化的底蕴非常深厚，也恰恰因为文化底蕴非常深厚，我们在发展过程中也要考虑怎么样让传统的文化凸显出时代的价值，我们讲黄河故事的时候，除了讲好黄河故事之外，像习近平总书记说我们要讲好中国故事，后面还跟着一句话就是要传递好中国声音。讲好黄河故事是一个方面，但是怎么样传递好黄河的声音可能是另外一个方面，所以在这个过程当中，包括通过像研学旅游产品的开发和发展都是很好传递声音的方式。

刚才已经讲到，在黄河国家文化公园建设过程当中，在“十四五”规划里面专门提到要加快实施黄河文化的系统保护工程，我们要打造具有国际影响力的黄河文化旅游带，这是黄河国家文化公园建设非常重要的目标。金秘书长对我们在下一步打造具有国际影响力的黄河文化旅游带有什么建议？我们应该怎么干？

金准：首先是所谓国际化的问题，过去的几年各地政府都纷纷提出各种各样国际化和国际影响力的目标，这个过程中，首先要明确国际化或者国际影响力是什么，从旅游的角度，我认为至少我们应该撇清它不是一个客源的国际化，因为我们去看迪士尼，它对自己的主力客源是锁定在50公里以内的，只有小国可以形成高度的客源国际化，而对于像中国这样内需极其旺盛的大国来说，客源的高度国际化不是我们应该追求的目标。那所谓的国际影响力是什么？现在“十四五”都提世界级，我们追求的国际化应该是世界级的概念，从这个层面思考，黄河国家文化公园能够提什么样的世界级？

第一是世界级的标杆。中国正在走向一种创新的无人区，在过去的几十年我们通过后发优势，通过学习，看国外怎么做，学到了很多东西。这两年很多领域我们都冲在前面了。具体到黄河国家文化公园上来说，我们能不能在这个地方聚集世界级的科技、世界级科技的应用、世界级生态的保护、世界级文化呈现、世界级的业态？形成这样一种世界级的标杆是自然而然能够形成世界级的影响力的。

第二是世界级的标准。通过这么多世界级的做法，能不能形成世界级的标准？这种标准使我们可以进一步影响国际的方面。

第三是引发国潮。中国最好的文化坐标或者文化地标，同时也是这一轮国潮的起源地、发源地，比如故宫、敦煌，能不能在中国这样的文化大国通过文化影响塑造国潮，是文化公园工作绩效的呈现，这是自然而然的结果，也是国际影响力非常重要的体现方向。

第四是国际间IP的对话和碰撞。黄河是世界上非常重要的文化IP，和国际同类的文化IP怎么去交融、怎么去碰撞、怎么去交流，这是放大国际影响力非常重要的一面。

以上四个方面是关于国际影响力非常重要的方面。

厉新建：金秘书长讲的非常重要，尤其在疫情防控常态化情况下，打造国际影响力吸引越来越多的国际客源本身也不太现实，今天讲中国的国家文化公园建设的时候，怎么样把它作为和西方国家的国家公园体系并行的一种新的体系，从标杆意义上、标准的塑造上怎么样通过国潮吸引本国的年轻人，包括讲大河文明的IP对话方面，这些确实是非常有意义的。也就是说我们可能在国际影响力上不是客源有多广，而是我们的服务、管理、品质、标准在这些方面上是不是能够从这里出发，像黄河入海口一样在这里收，像昨天魏老师说的一样，我们还需要面向海洋、面向未来的发展，这样去理解国际影响力对很多实际的工作来说确实更有启发、更有意义。

费总来自陕西旅游股份有限公司，这是一家国内知名的文旅企业，作为国内知名文旅企业的管理者，您对黄河国家文化公园旅游产品的开发有什么好的建议？刚才金秘书长也有涉及怎么样用一流的标准开发产品、打造业态，从企业的角度您有什么好的建议？

费文娟：我认为当前非常重要的，第一是黄河品牌化、IP化。黄河文化目前更多的是一个抽象的、宏大的文化概念，并没有形成品牌化或者说没有聚焦。只有把黄河文化提炼出若干个独特的IP，才有可能形成它的产业价值和商业价值。前一段时间，有很多地方政府或者旅游企业在争西门庆的故乡、女娲的故乡、七仙女的故乡等，这其实是一种文化想象力的匮乏，与其去追逐这些虚化的东西，不如潜心深挖在地文化，打造独一无二的本地品牌。

第二是打通发展脉络，分清楚内涵式发展和内卷式发展。黄河流线比较长，整个发展管理过程中协调沟通难度是很大的，包括重复建设、透支型发展、相互抄作业等问题，可能有人去过壶口景区，“天下黄河一壶收”就汇集在壶口，但壶口有陕西壶口和山西壶口，两地客源的竞争就比较激烈。我们可以借鉴尼亚加拉大瀑布的发展模式，在美国和加拿大两端都可以观赏到这个瀑布，但观赏角度、游览方式是不同的，体验都很好。所以，未来在开发过程中，除了国家层面的管控，还要有行业的常设沟通机制，把沟通协调、发展规划、产业布局也全部打通，这样才能把黄河文化产业归集好、研究好、利用好，形成一个良性发展模式。

第三是产品差异化的问题，黄河流域是一条壮观的历史河流文化河流，蕴藏着非常丰富的文化遗存，除了地质、生态之外还有农耕、游牧文化、民歌文化、民俗文化、饮食文化、祭祀文化等，每个篇章基本都贯穿了中华民族上下五千年，是个非常有趣的课题，如果我们能够潜心把产品的差异化打造出来，也是造福子孙后代的事情。我们衷心地希望，现在的科技大爆炸时代，我们有前人所无法想象的科技、信息优势，不要浪费这么好的时代、浪费这么好的优势去做一些很低水平的、与这个时代发展不符的东西，让后世子孙嘲笑我们，觉得我们这一代太没有创意、太没有责任感了。我们开发出来的东西要足以骄傲地给后世子孙传承！

今天上午陈市长讲的我特别认同：生态之美、生活之美和生命之美。如果黄河国家文化公园能够开发出这三美，无疑是我们中华民族的福音。

厉新建：谢谢费总，怎么样研究好、创新好、机制化、差异化的发展是非常重要的，作为旅游目的地来说，黄河流域省市怎么把每一个有吸引力的资源转化为对消费者来说有吸引力的产品也非常重要。

下面问一下王老师，刚才听韩副主任讲到山东敢为人先，您怎么看待？山东在黄河国家文化公园整体建设当中应该怎样创新求进，树立龙头榜样？

王德刚：黄河流经全国 9 省，正好流经山东 9 个市，暗合了中国传统文化当中九九归一的数理隐喻。在我们省内经常有一句话：在黄河的尾部要发挥龙头的作用，我个人认为龙头、龙尾还是龙背，这个不重要，关键是如何发挥山东经济、生态、文化的优势，做好山东该做的事。

黄河国家文化公园建设涉及的领域无外乎就是经济、文化和生态这三个领域，第一，从经济的角度来说，这 9 个省在经济的发达度上分三个台阶：第一个台阶是山东、河南、四川，山东在 2019 年的 GDP 是 7 万亿元、河南的 GDP 是 5 万亿元、四川的 GDP 是 4 万亿元；第二个台阶是陕西、山西、内蒙古，它们是 1 万 ~2 万亿元；第三个台阶是甘肃、青海、宁夏，它们是 1 万亿元以下。山东 7 万亿元几乎等于后面 6 个省加起来的总数，我并不是说越有钱越能够做好事，关键是经济发达的省市，能够在生态恢复和文化传承过程中承担更多的经济支出。

第二是文化，山东传统文化中以孔子为代表的先哲的思想，代表了中国传统优秀文化的主流，这个地位不可撼动。

第三是生态，黄河泥沙带下来，黄河入海口是中国最年轻的土地，每年5000亩的造陆，黄河入海口是新陆地、新生态系统，习近平总书记也要求我们保护黄河入海口的生态系统，在当前这种国家治理的理念上生态价值越高，人为活动的强度越低，可能生态价值包括黄河国家文化公园的地位就越重要。

我建议，在黄河国家文化公园建设过程当中，黄河入海口国家自然保护区应该相对地降低开发强度，或者绝对禁止在一定空间当中的人为活动，强化生态性和生态功能。生态性和生态功能越强，甚至跟上游的三江源国家自然保护区有同等地位的话，黄河入海口在整个黄河国家文化公园的地位就能进一步地立起来，做不做龙头、做哪一块无所谓，关键是要做好符合山东实际的山东贡献。

厉新建：讲到了头和尾的问题，这是我们辩证思考的问题，如果就延续来说当然我们是尾巴，往前发展的时候就是龙头了。王老师特别讲到要处理好经济、生态和文化之间的关系，实际上，在未来发展过程中，怎样对黄河国家文化公园的文化和生态进行科学开发、精准利用，这是非常重要的方向，这样来做才能够扮演龙头的角色。

韩主任跟我们分享一下，在黄河国家文化公园建设过程中您是怎么看生态保护和旅游发展之间的关系的？

韩松林：习近平总书记讲绿水青山就是金山银山，用这句话理解黄河三角洲和建设国家公园保护和发展之间的关系，再贴切不过了。我们一定要牢记习近平总书记的理念，刚才教授也提出，建议降低人为的旅游开发力度，体现它的生态功能，把更多的生态产品转化为旅游产品，以实际行动来贯彻绿水青山就是金山银山的理念，把黄河三角洲区域、黄河入海口区域打造成为践行两山绿地标杆区，打造大江大河的标杆区，打造黄河文化公园的重要节点。

厉新建：谢谢韩主任，四位专家贡献了非常好的智慧，黄河国家文化公园建设过程当中我们需要用好黄河非常深厚的文化，但是另外一个方面，我们也需要考虑到创造性转化和创新性发展的问题，我们需要始终牢记在文化利用的过程中、在文化传承的过程中，所有的固化和回头都不是正道，我们要创新发展。

本场圆桌对话到此结束，谢谢各位。

圆桌对话二：城市休闲与乡村振兴

主持人：北京第二外国语学院旅游科学学院副院长、教授吕宁。

对话嘉宾：

北京联合大学特邀教授，《旅游学刊》执行主编张凌云；

成都融创文旅城总经理、四川大学客座教授李鸣镝；

中景信旅游投资开发集团有限公司总经理助理方言；

莫干山国际旅游度假区管委会党工委委员、副主任沈耀腾。

吕宁：特别感谢能有机会在这里跟几位嘉宾一起探讨关于城市休闲和乡村振兴的话题，下午的板块整体上都是围绕城市和乡村进行的，两个主旨演讲，第一个是城市休闲，第二个是乡村田园综合体。刚才厉新建老师主持的板块是关于黄河文化公园的内容，也是在乡村和城市当中游走。总体来看，今天围绕的话题，无论是做城市还是做乡村，都离不开城市和乡村对人们美好生活的一种打造，或者说是一种营造，核心都是围绕休闲。

2010 年上海世博会提出了一个口号“城市，让生活更美好”，刚刚闭幕的 2021 年世界休闲大会提出了“休闲，让城市更美好”，总体来看是休闲能够让城市变得更加美好，形成了闭合的关系。“乡村振兴”这个话题从国家战略角度来说越来越突出和重视，2017 年党的十九大之后就提出了乡村振兴战略，2021 年 4 月 29 日，人大的决议也通过了《中华人民共和国乡村振兴法》，所以从总体上来看乡村在未来整个国家战略当中会起到越来越大的作用。

从今天这两个板块来看，我们请到的嘉宾有城市综合体建设的专家，也有乡村振兴、乡村文明、乡村旅游、乡村休闲打造的专家，更有在理论方面非常有建树的专家，所以我们就围绕着这两个话题、八个问题来展开今天的板块。

首先我想请问张老师，因为您原来提过一个观点我一直记忆犹新，“没有乡村，城市真的能让生活更美好吗？”这是一个很尖锐的问题。城市美好不美好除了关注城市建设、城市美丽之外，还需要更关注城市人的生活品质。当城市病越来越严重，当城市人的需求越来越得不到满足的时候，下乡成为城市人的一个必然选择，可是当传统乡村性在世界范围内普遍丧失的时候，城市人在乡村还能不能找到乡愁？乡村还能不能给城市人带来乡愁的感觉，我们特别想听一下张老师的见解。

张凌云：谢谢吕宁老师，这个问题比较尖锐，我说一下我的个人观点。“乡愁”其实是非常个人化、个性化的问题，对于在座诸位，乡愁实际上是对童年的记忆，每一个人的乡愁即个性化记忆很难共享。我的乡愁是在城市，即便是在城市，可能每个街道、每一条胡同、每张课桌椅，对当事人来讲、对外面参观者来讲，感觉完全不一样。但是我们为什么还提乡愁呢？我觉得这里的乡愁更多是指共同记忆和集体记忆。随着工业化的发展、城市化的发展、时代的发展，孩提时候很多在乡村生活的美好场景现在都找不到了，当然社会发展是滚滚向前的，城市化和工业化其实是同步的，尤其我们这一代人，可能少年时候、儿童时候是在乡村度过的，但是现在到城市里来，在这里生活，在这里工作，可能找不到这种感觉了。

用我个人的观点来看，这个是惯常环境的现代化，但是我们也可以构建这样一个环境去怀旧、寻根。所以，我觉得在建构的层面上，“乡村性”恰恰可以满足这种平衡，对于过去的追忆，或者是处在工业文明向农业社会的一种回望、一种心灵慰藉，虽然工业化发展提高了生活品质、提高了效率，但是也失去了很多趣味，从这个意义上来讲，通过发展旅游、发展休闲来满足城里人生活节奏太快，想过几天“慢生活”的需求，注意了是“过几天”或者说暂居状态，是一种体验生活，体验过去生活的一种场景消费，这是我个人对这个问题的理解。

吕宁：谢谢张老师，其实对于我们这些没有下过乡、没有在乡村中长大的人来说，可能乡愁确实是一种对城市的记忆。那么乡村能够带给我们的是返璞归真，或者是更加接近自然这样一种情怀，这里我想问一下李总。您一直致力于打造城市综合体，现在成都融创文旅城在成都西南城区，要成为一个新地标，用贵公司的话来说，要把这个项目打造成为全季节、全家庭成员、全天候、全业态的综合体。我在想，成都是座非常休闲的城市，有非常喜爱巴适的成都人。已经有很多综合体项目，而且很多都在国内有非常高的知名度。融创文旅城在项目规划初期是怎么设定自己的目标需求的？是怎么形成错位发展的思路的？因为确实可能面临着很多已有的品牌、已有的挑战，这方面我想问一下您是怎么想的？也为后来人提供一些建设和规划思路。

李鸣镝：一方面从消费升级、消费场景角度来说，休闲游有很多种方式，这么多年随着工业化的进程，精神总体的提升，休闲达到了一定高度，这是一个升级的场景。另外，从第七次人口普查来说成都已经有 2093 万人口了，这是一个时代的需求。时代需求体现在以下几个方面，一个是刚才说的成都不缺休闲的产品，成都人怎么休闲呢？传统一点就是找一个地方打麻将，换个地方打麻将，找个地方吃火锅，换个地方吃火锅，从历史人文来讲成都市区有宽窄巷子、武侯祠、人民公园，从郊区辐射到周边有都江堰、青龙山、峨眉山、乐山、黄龙溪等场景。融创在做文旅城的时候，考虑到差异化，一方面是观光向体验提升，此前走一走、看一看，现在就要把客人留下来，成都融创文旅城做了都江堰，从区位来讲都江堰离成都 60 多公里，有一个多小时的车程，这个地方有自己的 IP——都江堰、青龙山、熊猫基地。

同时，这里还是 318 国道进藏必经之路，在这样一个区位上，我们做了充分的考量，一个是融入现在元素，考虑到青年游客亲子家庭需求，我们做了文娱综合体，一个微度假的项目。全业态包括娱乐业态、休闲业态，娱乐业态包括主题公园，结合藏乡文化、在地文化的主题公园，包括历史场景、现代场景，融入了现代科技元素的主题公园。另外，我们结合气候的特点和亲子的需求，做了水公园，还考虑到契合冬奥会后，“通过举办北京冬奥会带动三亿人上冰雪”的愿景，还有根据小众游客的需求建了世界上最大的滑雪场。融创室内滑雪场有6个，2021年即将开10个，到2022年室内滑雪场基本上是25个的规模，这块在能够把游客留下来方面做足了功夫，把游客留下来干什么呢？这需要丰富的内容来增加游客体验，延长游客逗留时间，提高消费，这是我们的想法。

此外，在酒店打造方面我们结合当地气候、文化的特点，做了主题酒店和休闲酒店，还有熊猫的主题民宿以及我们自有的阿狸IP，结合这块打造全业态、全天候、全业务链的度假区。2020年我们在疫情期间克服各种压力，去年6月30日在四川开业，开业后总接待游客量达到了八九百万人次，营业收入达到四五亿元，这块达到了非常好的预期效果。在这些方面我们要按照上午老师和专家说的，要继续学习政策，明大势，定策略，还需要不断地研究市场，更深入地了解市场，把握市场需求，继续丰富场景，这是融创日常的情况，谢谢。

吕宁：谢谢李总，通过您的介绍我感觉成都融创文旅城好像更多是突出玩儿，因为有很多亲子的项目还有很多度假项目，可能与我们一般看到的宽窄巷子、锦里这种偏城市文化体验型的项目相比，整体区别是在娱乐功能和玩儿的功能上更突出，这种差异性在消费人群上面就能明显感觉到吸引的是更加年轻化、更加具有青春活力、更加家庭组合团队的这样一个群体。

李鸣镝：更放松一些，更贴近生活。

吕宁：谢谢李总。下一个问题请问中景信的方总。中景信是大家非常熟悉的投资公司，一直以来在山岳型和自然型景区投资方面都是非常有建树的，从白石山创5A，到现在东太行、莽山等项目都是业界有口皆碑的好项目，从这里可以看出来他们一直在践行习近平总书记提到的“绿水青山就是金山银山”，在这个过程当中中景信是功不可没的。多数自然景区处于乡村当中，在投资景区、开发景区的同时，在乡村振兴这一领域，在企业承担社会责任这一方面，中景信应该是做得非常好的，在很大程度上带动了当地乡村的发展，在整个乡村发展过程当中是用旅游带动乡村的振兴。您能从整个企业社会责任的角度或者从某一个角度出发，谈谈在乡村振兴方面企业都做了什么？企业社会责任是如何在乡村振兴当中体现的？

方言：谢谢吕教授，非常有幸和大家分享一下我们企业在落实乡村振兴政策当中的一些做法。中景信是一家以山岳观光为主、度假休闲为辅的投资开发公司，目前全国投资建设八个项目，投资额50多亿元，这八个项目都处于乡村地区，其中6个是在贫困山区的国家级贫困县，还有两个是在能源经济和黑色经济向绿色经济转型的地区。可以说中景信的进入和开发给当地带来了实现绿水青山就是金山银山的抓手，促进了当地的经济发展和就业，对当地乡村振兴、转型升级来说是全方位的。

具体怎么做呢？我简单说一下，我们在景区建设过程当中坚持让利于民的原则，我们的理念是不仅要把自身旅游业务做大，同时要让周边老百姓富裕起来，我们相信带动当地乡村振兴，授之以鱼不如授之以渔。我们每到一个地方开发一个项目，都不会把产业链上所有盈利的东西一家吃下来，我们只会把核心的景点打造好，把聚宝盆建设好，然后将产业链上其他的相关盈利点——食、住、行、游、购、娱让给当地老百姓去经营，然后跟老百姓一同打造完整的旅游经济生态链。我举个例子，刚才吕教授提到的5A级景区白石山，它处于河北保定涞源，是国家级贫困县。山脚下有一个村子，这个村子原来有97户人家340人，原来人均年收入是1300~1400元，是典型的非常贫困的村子。2010年中景信进入的时候白石山年游客量几万人次，年收入大概32万元，经过我们2015年的全新升级打造，投资十几亿元以后，这个景区在2015年游客人数超过100万人次，收入达到1.5亿元。因为这个景区的发展，当地村里的年轻人都返乡了，来参与到当地业态经营中，包括餐饮、农家乐、小交通、卖当地农产品。

据我们统计，现在这个村子年收入大概达到了3000万元，景区周边的土地价格提高了10倍，我们成功地打造了这个景区，在2015年获得了国家5A级旅游景区的称号。这个景区解决了当地超过1000名员工的就业问题，带动超过20000人就业，给当地交税4000多万元，可以说这个景区是整个村子的生活来源，就像2020年疫情期间，因为国家政策景区都关闭了，后来又因为防火原因，河北景区又继续关闭一段时间，当地老百姓就受不了了，主动到县里去请愿，要求景区开放，这说明什么问题呢？说明现在景区是他们生活的来源，景区如果有什么原因不开放，老百姓比谁都着急，所以说真正实现了景区和村子一体化，因为两者的根本利益捆绑在一起了。

我再举个例子，湖南、广东交界处的莽山景区，景色非常好，具有黄山和张家界的特色，魏小安老师也对莽山赋予了高度的评价，他提到了中国有三岭，最美在南岭，南岭茫茫苍苍，莽山一峰独秀。但是这个地方所在县也是国家级贫困县，所在村子是瑶族少数民族村，当地因为大交通不好导致开发不好，所以当地老百姓生活比较贫困。我们进入以后为了实现这个地方的长久富裕，同时也是考虑到现在国家的有关政策，要求关注老人、关爱弱势群体，于是我们在原来投资 8 亿元的基础上追加投资 3 亿元，按照全山无障碍理念进行打造。什么意思呢？就是莽山海拔有将近 2000 米，即使不能行走的老人和残疾人都能够从进景区开始上到 2000 米的山上，全程 8 公里游线游下来不用下轮椅，一般人能看到、能走到的，这些弱势群体都可以去到。不光在中国是首创，在世界可能也是唯一的。

这个景区因为残疾人非常多，有一些残疾人上去看到了景色以后都激动得流泪，因为作为残疾人一辈子都没有办法上到这么高的山，看到这么多的美景，看到雾凇、云海。当然我们也采取了从来没有用过的技术，不要说在山岳型景区，就是普通平地景区也没有用过的技术。

正是因为景区建设和无障碍特点使其非常火爆，现在景区周边的老百姓纷纷建酒店，建宾馆、农家乐，包括大栋的温泉宾馆也在这两年拔地而起，可以说是给他们带来了脱贫致富的办法，而且我觉得这种扶贫的办法相比于政府那种发点临时性补贴更长久、更有效。

截至目前，中景信旗下项目助力的当地脱贫人口数量已经超过 20 万，接下来我们还是要坚持做乡村振兴的践行者，积极地回报社会，我先介绍这么多，谢谢。

吕宁：谢谢方总，让我们看到了一个企业，还是一个投资企业在致力于乡村振兴方面，在企业责任上所做出的很多贡献，尤其是在人文关怀这方面是很让人感动的。可能从乡村振兴的角度来说，从旅游产业的方面，从产业的角度，实实在在扶贫、脱贫包括人才培养，可能在未来都会成为助力乡村振兴非常重要的方面。

莫干山大家都非常熟悉，裸心谷也是经常被张老师提及的案例，一直为我们讲授价格倒挂的问题：为什么上海陆家嘴高端酒店的价格比不上莫干山裸心谷民宿的价格？所以从裸心谷开始，作为洋家乐的起点，到2021年莫干山成为国家级旅游度假区，民宿在整个莫干山发展过程当中起到了非常大的助推作用，现在莫干山整体地区也成了民宿标杆型和摇篮型的先行者，同时在整个发展过程当中通过对其文化、乡土气息包括自然特色的提炼和开发，莫干山在促进旅游发展和高质量发展方面起到了非常好的标签和引领作用，也为旅游对乡村振兴的发展起到了非常好的示范作用。

以乡村振兴起家的莫干山通过民宿成为全国的标杆地的时候，我想了解一下度假区在为民宿提供发展平台和公共服务方面，虽然民宿有自发发展的可能性，但是作为一个国家级旅游度假区必然有自己的管委会和相应的规划和组织，度假区在整个民宿发展过程当中起到了哪些平台作用？或者为我们提供了哪些公共服务？可以为全国未来以民宿为发展目标的，或者发展基础的度假区提供一些经验，下面，我们有请沈副主任来谈一谈。

沈耀腾：莫干山度假区成立时间不长，但是整个莫干山旅游度假有十几年的历史，关于发展我主要讲四点，也是我们的经验和做法。

第一个方面也是最主要的方面就是生态先行，生态保护大家都在做，但是莫干山做得比较早，在2000年左右就开始实施生态立镇，特别是德清县政府在2005年率先在全省实施了对莫干山地区的生态补偿机制，大家都知道2005年是习近平总书记在安吉渔村发表“两山理论”那一年，我们也是率先实施生态旅游发展。生态补偿机制主要是几个方面，一个就是山里面不要发展企业，企业全部关停，关停之后由县财政对镇财政补偿平衡，确保政府正常运转，同时给老百姓发放生态公益金，虽然钱不多，但是引导老百姓来转型发展休闲度假产业。通过几年保护下来，到2007年洋家乐出现了，引领了后面生态度假产业的发展。所以生态保护是最大的前提。

第二个方面，人才振兴是关键。人才振兴也是乡村振兴的关键与核心，没有人才就没有活力，如果没有人才一切都是空谈，莫干山在发展过程当中也是主要依托于人才来推动乡村旅游和乡村振兴。我们的人才分两部分，吕教授刚才讲了，第一部分是外来人才，是自发进来的，莫干山有这么好的环境，有这么悠久的历史文化，所以他们进来了，像裸心谷创始人高天成、司徒夫，包括后面进来的一批设计师，这些高层次人才推动和引领了整个莫干山旅游度假产业的发展，这批人决定了莫干山的上限，到现在为止至少莫干山的高度比较高。第二部分人主要是返乡创业人才，这是乡村振兴的基础，就是金字塔底下的基础，这一批人回来以后乡村才有活力，乡村未来的发展才有希望，这批人决定了莫干山乡村旅游的下限，这个下限不会太低，因为年轻人有学识、有知识，也有抱负。这几年我们通过制定一些人才政策，包括争取一些政策，吸引这些人才到莫干山投资创业，同时进行加强培训，成立了民宿管家培训学校，包括市场主体成立民宿学院，都对人才培养起到了很大的作用，同时我们积极引导乡村成立返乡创业组织，为返乡青年提供一些服务，鼓励年轻人回来创业。

第三个方面，改革创新是动力，因为旅游度假是新兴事物，存在着很多政策空白和发展盲区，需要基层自下而上去推动一些改革，做出一些尝试。莫干山在这几年的发展过程当中也尝试了很多创新和改革，如在民宿发展最开始的阶段，2010 年左右我们制订了莫干山民宿地方标准，让民宿在开始发展的时候就走入了规范、合法、有序的道路，也保证了后续的健康可持续发展，包括刚才说到的裸心谷点状供地，目前全国都在试点推广。包括集体经营性建设用地入市，这些改革或者试点都很好地破解了旅游产业在发展过程当中土地方面面临的制约因素，可以说这些创新改革对于旅游产业发展起到了事半功倍的作用。

第四个方面，建设投入还是基础，建设投入其他的不说了，德清县政府也好，莫干山镇政府也好，度假区也好，这几年都是大力投入，但是我觉得最关键的是我们在发展阶段准确地把握了国家对乡村旅游、对“三农”的工作重点。

大家都知道，从 2004 年到 2021 年国家发布了 18 个中央一号文件，我们在发展过程当中每个阶段基本上都精准地把握了国家的大政方针和发展趋势，争取了很多政策红利和资金，也让整个乡村有了翻天覆地的变化，同时，基础打好之后我们积极去举办一些全国性的省市现场会，现场会大家都知道也是中国特色，集中力量办大事，通过几个现场会办下来，基础设施每年都会有大的提升。讲这四个方面，也是一环扣一环，谢谢。

吕宁：谢谢沈副主任，的确，莫干山地处江浙沪区域，发展成功其实不是偶然的，一个是江浙沪客源市场已经决定了其拥有庞大的市场基础，再一个就是沈主任提到的很多关于政策，关于人才的引进和输出，关于人才就地的转化和人才就地的培养，还有提到的很多好的环境和硬件的投入，都是莫干山能够成功的非常重要的关键因素。

在城市人开始下乡，乡下人开始进城这样一个过程当中，其实城市也表现出一些“千城一面”的严重现象，除了不同的景区景点，很多地标性的城市建筑，还有地标性的综合体都可能成为吸引游客，以及吸引各地旅游者的非常关键的符号，也是打破“百城百面”“千城一面”的重要方面。我想问一下张老师在城市休闲化越来越成为城市发展趋势的过程当中，休闲城市作为未来城市发展的走向，您认为它有什么样的共性？这种共性能够为城市休闲、城市休闲综合体的打造提供哪些好的建议？

张凌云：讲“共性”，实际上我觉得最后发展还是要讲“个性”。当然个性怎么打造可能有一些基本的规律，刚才我讲了城市是工业化的产物，是从农业化演进过来的，是农业生产力水平提高、非农人口大量出现以后集聚而成的。所以从工业化角度来讲，标准化追求的是效率，是效益，是整齐划一，是以这个为追求目的。早期雅典讲城市四大功能，即生产、生活居住、通勤、游憩和休闲。在这四种功能主导下，早期建设城市确实没有太注重城市本身的个性与文化，实际上对于城市的发展而言，不同的城市有不同的故事，或者说有不同的基因。我前面听了李总讲成都，成都的在地文化反映得很充分，所以如果要把一个城市休闲区打造出来的话，一定要把这个城市的昨天甚至是前天，它的发展演变过程，当地的文化，包括非遗，把这些故事变成产品、形成符号、变成IP，尤其是跟我们生活密切相关的那些部分。比如说饮食，中国幅员辽阔，饮食口味南北差异也很大，但是作为吸引外来游客或者当地居民休闲的东西。这个里面就有很多文章可以做，可以去挖掘，还有就是一些表演，非遗的传承，一个手工技艺制作，这才是一个城市的个性。

城市中的高楼大厦从工艺角度、材料角度来讲，我觉得都是标准化的，节能材料推广都是一样的，没有用一些耗能的、损耗特别大的、效率特别低的，所以说从工业产品角度来讲肯定是技术主义、工艺主义，从文化角度来讲没有哪个一定比哪个好，这个是有差异的，所以把差异充分张扬出来。成都的宽窄巷子也好，锦里也好，拿到江南就不一定，江南有江南的东西，大家要把自己在地的东西挖掘出来，打造城市休闲的地标也好，标志性建筑也好，或者说核心吸引力，利用差异形成吸引，利用差异形成特色。

吕宁：其实我这里所问的“共性”不是说真的要打造成为标准化的城市，是要形成各具特色的城市或者休闲城市。您刚才提到的“差异化”就是一个共性，就是要挖掘它的差异化。

张凌云：上升到规律性的东西。

吕宁：对，首先要关注居民的休闲需求，或者挖掘当地的特色文化，形成主题IP，或者做出亮点性的标志物，这可能是我提到的共性问题。

张凌云：除了吃之外，服饰也有各地特色，一些很时尚的东西是有很大空间可以去挖掘的。

吕宁：谢谢张老师，下面我们有请李总谈一谈。我觉得成都融创文旅城在未来肯定会成为新的城市休闲中心，或者说中央休闲区，在突出了当地文化的基础上，您在打造文旅城的时候，刚才张老师也提到了文化，在结合成都文化以及自身文化打造的方面有什么亮点和经验可以跟大家分享一下吗？

李鸣镝：刚才吕院长也说了，一个是和在地文化的结合，文旅城在地文化考虑的是四川是川蜀之地，有三国文化，还有最近三星堆面具的出土，可以看出历史文化积淀非常丰厚，我们一方面在这里做了提炼，包括蜀安文化区、藏乡文化区，另外还做了深度挖掘和延展，利用高科技元素包括飞跃四川，把四川名胜关联到一起，这是一方面的在地文化。另一方面我们想文旅城是新的、无中生有的项目，如和自然景区九寨沟、海螺沟做比较，这是老天爷、老祖宗赋予我们的景区，在历史方面我们都没有办法比拟。一方面我们做了一些传承和延展，另一方面导入了一些新的高科技，包括一些国外的，既有在地文化的提炼，还做了一些延展和导入，来吸引更多年轻人。年轻人喜欢一些快乐、洋气的东西，包括最近导入的航空项目、人工智能、没有专业人员驾驶的无人机，包括热气球等航空体验，还有接下来我们要做一些灾害预防的研学教育和娱乐的结合，这些项目既能传承传统文化，又能导入和引进一些新元素和新文化，这样的话就把共性提炼出来了，还可以嫁接出新生的一些元素丰富我们的内容、丰富我们的场景。谢谢。

吕宁：现在来看，融创文旅城应该已经算是一项成功的，同时具有地方文化特色的项目了，从您刚才提供的数据来看，在疫情期间就达到了非常好的水平，未来您觉得融创文旅城有没有再创新高的地方？

李鸣镝：这个需要不断地提升，此前的一些学习，特别是魏小安老师到现场的指导，不断地学习政策，向大咖学习，向同行学习，找新的东西，这是永远建不完的乐园。我们说了接下来引进一些项目，每年增加一些新的东西，这个是和文化紧密结合的。

吕宁：魏小安老师原来说要用老产品吸引新客户，用新产品来吸引老客户，所以我们也希望未来成都融创文旅城可以越做越好，谢谢李总。

下面我想问方总一个比较普适性的问题，乡村投资有很多的困难和障碍，包括中景信投资这么多景区的时候也面临着这样的问题，比如说一些土地性质的问题、主客关系的问题，甚至对地方政策解读和应用的问题都会存在，我们是怎么处理这些存在的问题和困难的？能不能给一些关注为乡村办实事，或者想在乡村振兴和投资乡村旅游方面的企业一点建议和意见？

方言：好的，我觉得主要的困难或者说难题有四个方面，两个是外部的，两个是内部的。第一个外部难题是政策风险的不确定性，现在虽然整个大环境或者说整个旅游投资市场政策是向好的，但是也存在着一些问题。比如说现在中央对精神文明建设非常重视，生态红线划定刻不容缓，客观上是提高了对旅游投资的要求，其实还有更大的束缚。所以我们在做旅游项目投资和乡村项目投资的时候，没有把相关手续和证件办下来之前不要仓促动工，这是一点。即使是当地政府催促你动工，也不能着急，因为一旦触碰了红线，合规性不行的话，前期工作就全白费了、全打水漂了。现实中血淋淋的案例非常多，所以第一个合规性问题一定要重视。

第二个外部难题是做乡村投资项目涉及的面特别广，需要协调的工作特别多，你需要懂环境、土地、各种法律政策，然后要从规划，从设计图纸到建设，建设以后要运营，还得处理跟当地老百姓的关系、利益分配的问题。所以我们总说旅游业是综合性产业，从做一个乡村旅游项目来看就证明了这个说法，因为简单来讲至少需要跟十几个政府部门打交道，所以我觉得做一个乡村旅游项目必须是多面手，而且旅游项目本身回报周期比较长而且比较慢，所以要耐得住寂寞，这是两个比较大的外部难题。

然后做乡村项目的两个内部难题，一个是资金来源问题，刚才说到旅游项目的投资回报周期长、回报率低，做乡村投资如果全用自有资金，那么投资回报率，或者资金有效率就会非常低，所以一般都借助外部资金来源包括银行贷款或者外部借款，所以在资金来源方面和银行打交道也是一个非常困难的事情，我觉得一般来说如果自有资金和外部资金的比例达到 1∶1 的状态是比较健康的，如果说外部资金的比例高于这个标准，杠杆率太高的话，一旦出现疫情，就会使得现金流出现问题，是不太健康的。

另一个内部难题是用工的问题，若干年前我们觉得乡村旅游的用工不是问题，因为用工的条件要求也不是太高，有大把人在。但是近几年可能因为大交通的改善，还有信息网络发展的迅速，乡村地区的劳动力流失非常严重。举个例子，比如说中景信在兴隆有一个景区——兴隆山，离北京就是两个小时的车程，很多人不愿意在景区干就跑到北京来打工了。再比如说莽山在湖南、广东交界处，挨着广东，随时可以去广东打工，这也是可以理解的，因为大家都愿意用同样的时间赚更多的钱，所以给我们项目带来的困难就是用工成本的不断提升，以及员工的不稳定，但是用工问题可能不单是旅游行业问题，可能是整个社会、整个国家的问题，下一步我相信应该会有更高层次领导和专家能提出更好的办法。

吕宁：谢谢方总，确实，在我们每年招生的时候，都传递着一个信息，就是市场对旅游人才的需求越来越旺盛。但是在我们培养过程当中也发现一个问题，就是旅游从业者的归属感其实并不是特别强。所以我觉得在我们的人才培养方面，还有企业的用人机制方面，无论企业也好，还是整个社会也好，都需要对旅游人有一个更好的、更正向的解读，从这个角度来说我们才能更好地留住人才。也确实感觉到方总在建设过程当中的不容易，政策的红线、土地的问题都需要去处理，希望为促进乡村振兴而去做投资的这些人不要打退堂鼓，要充满信心，能够在这个过程当中为企业、为社会、为整个乡村提供更好的支持，我们要从这个角度来吸引投资者。再次感谢方总。

最后一个问题还是留给沈副主任，刚才我们一直在提莫干山的民宿，包括您说的民宿标准，现在整个民宿的标签已经开始向度假区的标签转化了，所以肯定不能说只把目光集中在民宿的发展建设上，而且民宿已经成为非常成熟的一个产品了。后期整个度假区在建设或者发展过程当中，您认为还应该做些什么，或者还能够做些什么，让整个莫干山的旅游形成一个高质量发展，也为整个江浙沪地区的城乡一体化提供什么好建议？

沈耀腾：莫干山去年很荣幸地升格为国家级旅游度假区，在更高的平台上我们也要谋求更高质量的发展，真正去打造国际一流的乡村度假旅游目的地。我们最近也在谋划当中，初步是三个区，第一个区，打造民宿高质量发展的样板区，民宿还是莫干山的金字招牌，这块招牌肯定不能丢，只能越擦越亮。概括起来就是七个字——控量、提质、优服务。“控量”，因为生态容量有限，我们接下来要提高民宿准入门槛，严格按照生态容量来控制审批。“提质”主要是鼓励、引导存量民宿做提升、做加法，增加内容，多打造品牌化、主题化民宿，同时要招一批有内容、有品牌的民宿进入莫干山，特别是要鼓励莫干山走出去的这些民宿。目前有 10 多个品牌民宿“走出去”在全国各地发展，希望他们回来再做民宿 2.0、3.0 来提升整个民宿的品质。“优服务”就是我们要制定统一的莫干山民宿管理服务标准，民宿的设计建设、运营可以个性化，当然管理服务一定要有标准。

第二个是打造产业融合的示范区，莫干山以民宿出名，肯定不止于“宿”，特别是作为度假区，肯定要打造更多多元化的、差异化的、个性化的、在地化的、国际化的旅游度假产品，特别是要与体育、文化、农业、科技、人才进行深度融合，打造一个满足不同人群的生态旅游度假产业链。这里我重点讲一个，莫干山被纳入了杭州“城西科创大走廊”的规划。我们接下来要打造一个“莫干山论剑谷”，主要是挖掘 1984 年莫干山会议的品牌，将科技、生态、人才进行深度融合，将科技人才植入美丽山谷，重点发展研究院经济、数字经济、会展经济、总部经济，提升度假区发展的新动能，让真正的好风景变成新经济。

第三个是打造国际乡村未来社区，这个是我们争取的一个省里的农综改项目，要投入将近 10 亿元，主要工程叫“2510”，主要分三个板块：“2”是打造东、西两个片区的游客服务中心；“5”是建设智慧理由、智慧出行、智慧市政等五个方面的智慧平台；“10”就是在度假区的 10 个核心村打造 10 个农旅综合体，主要是打造主客共享的空间，植入一些在地化、生活化的元素，让游客来莫干山不仅仅是度假，更多的是能够享受在莫干山的一种生活方式，引领一个新的度假生活方式。最后欢迎在座各位有机会可以去莫干山旅游度假、投资创业，谢谢大家。

吕宁：谢谢沈副主任介绍，本板块到这里就结束了，通过几位嘉宾在城市休闲和乡村振兴方面给我们提供的经验和介绍，我相信在场的各位都有很深刻的感受，无论从城市发展还是从乡村振兴来说确实都是在不断地提升，不断地满足人民对于美好生活需求的向往。无论我们生活在城市还是乡村，对于我们主体的需求，如旅游需求、休闲需求、美好生活的需求是不会减弱的。在这种需求的促进下，我相信城市会越来越美好，乡村也会越来越美好，这可能也是我们所有人共同的理想。本场的圆桌对话到此结束，谢谢各位。

报告篇06

蓝皮书

2021年中国休闲度假产业发展趋势报告

曾博伟

2020年年初暴发的新冠肺炎疫情对全球经济发展造成巨大冲击，中国休闲度假产业也因此陷入前所未有的“至暗时刻”。在以习近平同志为核心的党中央坚强领导下，经过两个多月全国人民的共同努力，我国在2020年4月总体控制住了疫情的蔓延。随着疫情总体上得到控制，中国经济开始复苏，休闲度假产业也开始止跌企稳，迈上了逐步复苏和振兴的道路。进入2021年，尽管国外疫情依旧肆虐，但中国在“外防输入，内防反弹”的抗疫方针指引下，全国范围内暴发大规模疫情的概率大为降低；到2021年5月，我国接种新冠疫苗已超过3亿剂次，进一步降低了全国疫情传播的风险，这也使得中国正在成为全世界最安全的休闲度假消费国家。在国际旅游停摆的背景下，国内休闲度假产业成为承接境外旅游消费回流的“主力军”；在中短途旅游支撑旅游业复苏的情况下，城市休闲和乡村度假成为满足城乡居民基本旅游需求的“压舱石”。我们认为，在后疫情时代，休闲度假产业有望成为我国旅游业率先恢复振兴的“先行军”，并将带动旅游业早日走出低谷、走向复兴。在这一过程中，中国休闲度假产业也出现了节点性变化和趋势性特征，值得引起全行业的关注。

一、经济发展的影响

休闲度假产业的发展离不开国家经济增长和社会进步。新冠肺炎疫情对休闲度假产业发展的冲击是短期影响。随着疫情的缓解，国家经济发展水平将决定休闲度假产业的基本面和中长期的增长潜力。总体而言，经济持续稳定增长将给休闲度假产业发展提供重要支撑。

（一）经济发展逐步恢复

2020 年，中国四个季度 GDP 的增速分别为 -6.8%、3.2%、4.9% 和 6.5%。尽管受疫情的影响，2020 年中国 GDP 依然达到 101.6 万亿元，同比增长 2.3%，中国成为全球主要经济体中唯一实现经济正增长的国家。2021 年第一季度，中国 GDP 达到 24.93 万亿元，按可比价格计算，同比增长 18.3%，比 2020 年第四季度环比增长 0.6%；比 2019 年第一季度增长 10.3%。同期，美国、德国、法国和韩国的经济增速分别为 0.4%、-3.3%、1.5% 和 1.7%；这也意味着因为疫情防控得力，中国经济在全球范围内率先实现了复苏。剔除 2020 年的低基数，中国 2020 年和 2021 年第一季度 GDP 几何平均增速依然达到 5.0%，虽然不及 2020 年第四季度同比 6.5% 的增速和 2019 年全年同比 6.0% 的增速，但总体来看，中国经济已经恢复到经济潜在的增长率水平。另外，从“十三五”中国经济增长情况看，尽管总体增速较“十二五”时期有所放缓，但作为一个大国，能够持续保持在 6% 以上（除 2020 年外）的增速（见表 1），也是非常难得，而这也为中国休闲度假产业未来的恢复发展奠定了最为坚实的经济基础。

表 1 “十三五”期间中国 GDP 总量及增长情况

年　份	2016	2017	2018	2019	2020
GDP 总量（万亿元）	74.64	83.20	91.93	98.65	101.60
同比增长（%）	6.8	6.9	6.7	6.0	2.3

（二）服务业快速反弹

“十三五”期间，尽管有新冠肺炎疫情的冲击，中国服务业增速总体快于 GDP 增速，服务业占 GDP 的比重依然稳步上升（见表 2）。其中除 2020 年外，与休闲度假产业关联度较高的住宿和餐饮业增加值也保持了较高的增长速度

（见表 3）。这表明在“十三五”期间，作为服务业有机组成部分的休闲度假产业总体呈增长趋势。

表 2 “十三五”期间中国服务业增加值占 GDP 比重及增长情况

年　份	2016	2017	2018	2019	2020
服务业占 GDP 比重（%）	52.4	52.7	53.3	54.3	54.5
同比增长（%）	8.1	8.3	8.0	7.2	2.1

表 3 “十三五”期间中国住宿和餐饮业增加值及增长情况

年　份	2016	2017	2018	2019	2020
增加值（万亿元）	1.36	1.51	1.65	1.79	1.60
同比增长（%）	7.7	8.2	6.7	5.5	−13.1

据国家统计局报告，2021 年第一季度服务业增加值为 14.54 万亿元，同比增长 15.6%，两年平均增长 4.7%，总体恢复速度略低于全国经济恢复情况；但考虑到 2020 年第一季度服务业受损严重，这一恢复速度也算正常。此外，2021 年 1~2 月规模以上服务业企业营业收入同比增长 37.8%，两年平均增长 10.0%；3 月，全国服务业生产指数同比增长 25.3%，两年平均增长 6.8%。3 月，服务业商务活动指数为 55.2%，比 2 月回升 4.4 个百分点。受年初局部疫情影响较大的住宿、租赁及商务服务、居民服务等行业商务活动指数回升至景气区间。从市场预期看，服务业业务活动预期指数为 62.9%，连续两个月位于 60.0% 以上高位景气区间。这意味着，伴随服务业的总体回暖，休闲度假产业发展也开始进入恢复和振兴期。

（三）居民生活总体改善

“十三五”期间，中国居民人均收入和支出总体呈增长趋势，且总体快于 GDP 增长速度；恩格尔系数总体呈下降态势，这有利于休闲度假产业的长远增长（见表 4）。但值得关注的是，2020 年，由于疫情的冲击，居民人均可支配收入增速放缓至 4.7%，居民人均消费支出同比下降 1.6%，恩格尔系数比 2019 年增加 2 个百分点，这意味着 2020 年居民的收入水平和消费能力受到了较大影响，这对 2021 年居民的休闲度假消费能力会造成一定的削弱。

表 4 “十三五”期间中国人均收入和消费支出情况

年　份	2016	2017	2018	2019	2020
居民人均可支配收入（万元）	2.38	2.60	2.82	3.07	3.22
同比增长（%）	8.4	9.0	8.7	8.9	4.7
居民人均消费支出（万元）	1.71	1.83	1.99	2.16	2.12
同比增长（%）	8.9	7.1	8.4	8.6	-1.6
恩格尔系数（%）	30.1	29.3	28.4	28.2	30.2

另据国家统计局的数据，2021 年第一季度，全国居民人均可支配收入为 9730 元，同比名义增长 13.7%，两年平均名义增长 7.0%；扣除价格因素同比实际增长 13.7%，两年平均增长 4.5%；全国居民人均可支配收入中位数为 8014 元，增长 12.7%。这也意味着随着 2021 年经济的改善，居民收入在逐步恢复，这对后续休闲度假产业消费形成了有力支撑。

二、发展格局的调整

为应对新冠肺炎疫情持续蔓延和国际形势不稳定、不确定因素增多等挑战，党中央高屋建瓴地提出“加快构建以国内大循环为主体、国内国际双循环相互促进的新发展格局”的经济发展思路，并将其作为“十四五”时期经济发展的重要方略，这为休闲度假产业的发展带来了新的机遇，同时也提出了新的要求。

（一）经济发展格局新要求

2020 年 4 月 10 日，习近平总书记在中央财经委员会第七次会议上发表重要讲话，首次提出“新发展格局”，后以《国家中长期经济社会发展战略若干重大问题》为题全文发表在《求是》杂志上。习近平总书记在文章中就新发展格局做了重要论述。主要有：“国内循环越顺畅，越能形成对全球资源要素的引力场，越有利于构建以国内大循环为主体、国内国际双循环相互促进的新发展格局，越有利于形成参与国际竞争和合作新优势。”“构建完整的内需体系，关系我国长远发展和长治久安”。“近几年，经济全球化遭遇逆风，这次疫情可能加剧逆全球化趋势，各国内顾倾向明显上升，我国发展面临的外部环境可能出现重大变化。实施扩大内需战略，是当前应对疫情冲击的需要，是保持我国经济长期持续健康发展的需要，也是满足人民日益增长的美好生活的需要。”“大国经济的优势就是内部可循环。我国有 14 亿人口，人均国内生产总值已经突破 1 万美元，是全球最大、最有潜力的消费市场。居民消费优化升级，同现代科技和生产方式相结合，蕴含着巨大增长空间。”“消费是我国经济增长的重要引擎，中等收入群体是消费的重要基础。”

在 2021 年 3 月国家发布的《中华人民共和国国民经济和社会发展第十四个五年规划和 2035 年远景目标纲要》的战略导向中，明确提出：“‘十四五’时期推动高质量发展，必须立足新发展阶段、贯彻新发展理念、构建新发展格局。”“构建新发展格局则是应对新发展阶段机遇和挑战、贯彻新发展理念的战略选择。”“必须建立扩大内需的有效制度，加快培育完整内需体系，加强需求侧管理，建设强大国内市场。”在具体任务中，明确要求：“顺应居民消费升级趋势，把扩大消费同改善人民生活品质结合起来。”“发展服务消费，放宽服务消费领域市场准入，推动教育培训、医疗健康、养老托育、文旅体育等消费提质扩容，加快线上线下融合发展。”经济新发展格局的提出，意味着“十四五”时期，国家经济发展策略和方向将有新的变化，这也将给休闲度假产业带来更多机遇。

（二）休闲度假产业新机遇

经济新发展格局的重点是以国内大循环为主体，这也是国家层面把扩大内需作为战略基点的主要原因。

自20世纪末以来，差不多每过10年，中国经济就会遭受一次外部环境的冲击，扩大内需战略也往往因此被纳入高层的视野。而每到扩大内需战略实施的关键节点，国家层面也往往会出台政策措施，促进以旅游业为代表的休闲度假产业发展。1998年亚洲金融危机，当年年底的中央经济工作会议强调，“扩大国内需求、开拓国内市场，是我国经济发展的基本立足点和长期战略方针”。旅游业也因此和信息产业、房地产业一起被列为国民经济新的增长点。而后国家改革假日制度，从1999年国庆节开始实施“黄金周”，极大地调动了中国居民的旅游热情，促进了消费增长。2001年4月，国务院又出台《关于进一步加快旅游业发展的通知》，提出“要把发展国内旅游放到重要位置，增加适应国内旅游需求的产品和服务供给”。这一阶段国家的一系列政策措施也奠定了国内旅游业在中国旅游业中的主导地位和在扩大内需中的战略地位。除了旅游业之外，为促进文化消费，1998年8月国家层面还在原文化部设立文化产业司，这也是政府部门第一次设立文化产业专门管理机构；之后2000年10月，《中共中央关于制定国民经济和社会发展第十个五年计划的建议》中，又在中央文件中首次提出了“文化产业”的概念。

2008年受国际金融危机的影响，12月的中央经济工作会议要求，“把扩大内需作为保增长的根本途径。真正把经济增长的基本立足点放在扩大国内需求上，利用这次国际经济结构调整的时机，加快形成主要依靠内需特别是消费需求拉动经济增长的格局”。之后2009年12月，国务院出台《关于加快发展旅游业的意见》，明确提出“以国内旅游为重点”，并提出“把旅游业培育成为国民经济的战略性支柱产业和人民群众更加满意的现代服务业”的发展目标。还提出了“制定国民旅游休闲纲要。设立‘中国旅游日’”等有利于推动旅游消费需求常态化的重要举措。2010年3月，国务院办公厅又出台了《关于加快发展体育产业的指导意见》，提出了“居民人均体育消费显著增加，体育服务贸易较快发展，体育产业从业人数占全社会就业人数比例明显提高，体育产业增加值在国内生产总值中所占比重明显提高”的发展目标。

2018 年再次爆发全球金融危机，当年年底的中央经济工作会议则再次强调“促进形成强大国内市场”。而伴随经济全球化遭遇逆风，加之 2020 年新冠肺炎疫情的冲击，主要通过国内需求来促进中国经济增长的战略被进一步强化。为发挥体育、旅游、文化等休闲产业在扩大内需中的“主力军”作用，2019 年 3 月，国务院发布《关于加快发展体育产业 促进体育消费的若干意见》。2019 年 8 月，国务院办公厅出台《关于进一步激发文化和旅游消费潜力的意见》。

“十三五”期间，中国居民消费占 GDP 比重总体稳定在 39% 左右（见表 5），但较之发达国家最终居民消费率低 20~30 个百分点。未来提高居民消费支出将成为国家经济发展的重点，这也将给休闲度假消费增长创造机遇。

表 5 “十三五”期间中国居民消费支出及占 GDP 比重

年 份	2016	2017	2018	2019
居民消费支出（万亿元）	28.87	32.07	35.41	38.72
其中：城镇居民（万亿元）	22.68	25.18	27.69	30.42
农村居民（万亿元）	6.19	6.88	7.722	8.30
居民消费支出占 GDP 比重（%）	38.70	38.68	38.67	39.11

从近期居民消费支出中服务消费占比情况看，从 2018 年第三季度到 2019 年第四季度的比重分别为 51.7%、51.7%、54.0%、53.9%、53.8%、53.6%，服务消费比重总体呈上升态势。因受新冠肺炎疫情影响，2020 年服务消费大幅下降，但从 2020 年第一季度到 2021 年第一季度数据看，服务消费占比分别为 49.2%、49.3%、49.9%、50.1%、53.0%，总体又呈现出稳步回升态势，这也在一定程度上反映出休闲度假消费的恢复情况。

此外，随着国内疫情得到有效控制和消费环境不断优化，居民消费持续回补。2021 年第一季度，中国社会消费品零售总额达到 10.52 万亿元，同比增长 33.9%，环比增长 1.86%；两年平均增长 4.2%。其中，3 月社会消费品零售总额为 35484 亿元，同比增长 34.2%，比 1~2 月增加 0.4 个百分点，两年平均增长 6.3%，环比增长 1.75%。特别是继前期多个领域消费恢复后，2021 年 3 月餐饮等密切接触性消费明显改善，实体店经营显著回升，消费市场恢复步伐加快。这也在一定程度上体现了休闲度假消费的潜力。

从“十四五”发展的趋势看，鉴于 2020 年我国广义货币（M2）余额已经达到 218.68 万亿元，是 GDP 总量的两倍多，未来通过释放货币流动性促进投资来刺激经济增长的空间将越来越小。2020 年全社会固定资产投资 52.73 万亿元，比上年增长 2.7%；全年社会消费品零售总额 39.20 万亿元，比上年下降 3.9%。这也意味着，相较投资，消费受疫情冲击的影响更大，迫切需要我们采取有力措施，促进消费的恢复和反弹。这也无疑将给休闲度假产业发展带来机遇。

休闲度假消费对应服务消费和最终消费，对应多层次消费和可重复消费，是人民群众美好生活的重要体现，也是未来居民消费回补和消费升级的重要内容。在经济新发展格局下，休闲度假产业有望成为促进国内经济大循环的新抓手和推动结构转型、经济增长的新动能。

三、发展政策的出台

伴随国内新冠肺炎疫情的逐步缓解和产业发展的逐步恢复，各级政府在休闲度假方面的政策也从短期救助逐步转向长期发展。有理由相信，“十四五”期间的休闲度假产业政策将更加完善。

（一）“十四五”规划

在国家层面，2021 年 3 月出台的《国民经济和社会发展第十四个五年规划和 2035 年远景目标纲要》中提出了一系列有利于休闲度假产业发展的具体举措。

与旅游休闲有关的主要是：“扩大节假日消费，完善节假日制度，全面落实带薪休假制度”“壮大休闲农业、乡村旅游、民宿经济等特色产业”“打造独具魅力的中华文化旅游体验”“深入发展大众旅游、智慧旅游，创新旅游产品体系，改善旅游消费体验”“加强区域旅游品牌和服务整合，建设一批富有文化底蕴的世界级旅游景区和度假区，打造一批文化特色鲜明的国家级旅游休闲城市和街区”“推进红色旅游、文化遗产旅游、旅游演艺等创新发展，提升度假休闲、乡村旅游等服务品质，完善邮轮游艇、低空旅游等发展政策”“健全旅游基础设施和集散体系，推进旅游厕所革命，强化智慧景区建设”“建立旅游服务质量评价体系，规范在线旅游经营服务”“完善市内免税店政策，规划建设一批中国特色市内免税店。”

与文化休闲有关的主要是：“建设长城、大运河、长征、黄河等国家文化公园，加强世界文化遗产、文物保护单位、考古遗址公园、历史文化名城名镇名村保护。健全非物质文化遗产保护传承体系，加强各民族优秀传统手工艺保护和传承。”“创新实施文化惠民工程，提升基层综合性文化服务中心功能，广泛开展群众性文化活动。推进公共图书馆、文化馆、美术馆、博物馆等公共文化场馆免费开放和数字化发展。”“深入推进全民阅读，建设‘书香中国’，推动农村电影放映优化升级。”“实施文化产业数字化战略，加快发展新型文化企业、文化业态、文化消费模式，壮大数字创意、网络视听、数字出版、数字娱乐、线上演播等产业。”“实施文化品牌战略，打造一批有影响力、代表性的文化品牌。培育骨干文化企业，规范发展文化产业园区，推动区域文化产业带建设。”

与体育休闲有关的主要是：“完善全民健身公共服务体系，推进社会体育场地设施建设和学校场馆开放共享，提高健身步道等便民健身场所覆盖面，因地制宜发展体育公园，支持在不妨碍防洪安全前提下利用河滩地等建设公共体育设施。”“扩大体育消费，发展健身休闲、户外运动等体育产业。”

（二）典型政策文件

2021 年的国务院政府工作报告中特别强调，“发展健康、文化、旅游、体育等服务消费”。除此之外，国家层面从 2020 年下半年到 2021 年上半年，还出台了一系列与休闲度假相关的政策文件。比较典型的如下：

2020年9月16日，国务院办公厅发布了《关于以新业态新模式引领新型消费加快发展的意见》，其中提出："深入发展在线文娱，鼓励传统线下文化娱乐业态线上化，支持互联网企业打造数字精品内容创作和新兴数字资源传播平台。鼓励发展智慧旅游，提升旅游消费智能化、便利化水平。""大力发展智能体育，培育在线健身等体育消费新业态。进一步支持依托互联网的外卖配送、网约车、即时递送、住宿共享等新业态发展。""创新无接触式消费模式，探索发展智慧超市、智慧商店、智慧餐厅等新零售业态。"

2020年9月30日，国务院办公厅发布的《关于加强全民健身场地设施建设发展群众体育的意见》，提出"争取到2025年，有效解决制约健身设施规划建设的瓶颈问题，相关部门联动工作机制更加健全高效，健身设施配置更加合理，健身环境明显改善，形成群众普遍参加体育健身的良好氛围"。

2020年11月18日，文化和旅游部发布的《关于推动数字文化产业高质量发展的意见》，提出"以满足人民日益增长的美好生活需要为根本目的，顺应数字产业化和产业数字化发展趋势，实施文化产业数字化战略，加快发展新型文化企业、文化业态、文化消费模式，改造提升传统业态，提高质量效益和核心竞争力，健全现代文化产业体系，围绕产业链部署创新链、围绕创新链布局产业链，促进产业链和创新链精准对接，推进文化产业'上云用数赋智'，推动线上线下融合，扩大优质数字文化产品供给，促进消费升级"。

2020年11月30日，文化和旅游部、国家发展改革委等10部门联合印发《关于深化"互联网+旅游"推动旅游业高质量发展的意见》，提出"到2022年，'互联网+旅游'的发展机制更加健全，旅游景区互联网应用水平大幅提高，建成一批智慧旅游景区、度假区、村镇和城市。线上线下旅游产品和服务更加丰富，个性化、多样化水平显著提升。全国旅游接待总人数和旅游消费恢复至新冠肺炎疫情前水平，旅游市场大数据监管和服务能力进一步增强。到2025年，'互联网+旅游'融合更加深化，以互联网为代表的信息技术成为旅游业发展的重要动力。国家4A级及以上旅游景区、省级及以上旅游度假区基本实现智慧化转型升级。依托网络平台的定制化旅游产品和服务更加普及。全国旅游接待总人数和旅游消费规模大幅提升，对境外游客的吸引力和影响力明显增强”。

2021年3月8日，文化和旅游部、国家发展改革委和财政部三部委发布《关于推动公共文化服务高质量发展的意见》，提出“推动公共图书馆、文化馆、博物馆、美术馆、非遗馆等建立联动机制，加强功能融合，提高综合效益”。“鼓励在都市商圈、文化园区等区域，引入社会力量，按照规模适当、布局科学、业态多元、特色鲜明的要求，创新打造一批融合图书阅读、艺术展览、文化沙龙、轻食餐饮等服务的‘城市书房’‘文化驿站’等新型文化业态，营造小而美的公共阅读和艺术空间。”“着眼于乡村优秀传统文化的活化利用和创新发展，因地制宜建设文化礼堂、乡村戏台、文化广场、非遗传习场所等主题功能空间。”“继续实施公共文化设施免费开放，拓展服务内容，创新服务形式，提升服务品质。进一步加强错时开放、延时开放，鼓励开展夜间服务。推动公共图书馆、文化馆拓展阵地服务功能，面向不同群体开展经典诵读、阅读分享、大师课、公益音乐会、艺术沙龙、手工艺作坊等体验式、互动式的公共阅读和艺术普及活动。”“鼓励有条件的公共图书馆、文化馆提炼开发文化IP，加强文创产品体系建设。”“鼓励有条件的文化馆将说唱、街舞、小剧场话剧等文化形式纳入服务范围。”“积极适应老龄化社会发展趋势，提供更多适合老年人的文化产品和服务，让老年人享有更优质的晚年文化生活。加强面向残疾人的文化服务。”

四、休闲需求的增长

尽管新冠肺炎疫情对休闲度假消费造成了抑制和冲击，但从相关调查数据看，中国国民的休闲度假需求总体仍在增长，不同群体的休闲度假潜力依然巨大。

（一）现实的休闲需求

2020 年 12 月，中国社会科学院旅游研究中心、腾讯文旅产业研究院根据 1.2 万份网络问卷发布的《中国国民休闲状况调查（2020）》显示：国民对休闲的重视程度越来越高，休闲的内容更加丰富，休闲已经成为国民日常生活不可或缺的组成部分。相关的调查信息如下：

在休闲时间方面，从 2013 年到 2020 年，国民平日用于休闲的时间从 3.2 小时增长到 3.6 小时（仅仅指周一到周五工作日的休闲时间），增长了 12.5%。国民每日平均在线休闲时长达到 4.9 小时；疫情发生前的一年，国民每日居家休闲时间达到 5.77 小时；疫情发生后，居家休闲时间达到 7.15 小时。

在休闲活动方面，居家休闲中频率最高的休闲活动依次是：内容消遣、社交互动、益智竞技、健康保健、实物制作、独自发呆、培植养育、艺术表演与创作、收藏品鉴等。本地休闲中频率最高的休闲活动依次是：逛公园或本地景点、朋友聚会、逛街购物、户外健身、观影或看赛事演出、氛围消遣、游戏消遣、户内健身、社区活动 / 公益活动、逛展览馆、美容按摩、兴趣培训、参加会所 / 俱乐部活动、极限运动等。过去一年，休闲旅游的类型从高到低依次为：周边游（64.4%）、省内游（42.5%）、省外（境内）游（25.9%）、没有参加任何旅游活动（18.3%）、出国游（4.7%）、港澳台游（4.5%）。

在休闲消费方面，呈现出较大的分化，调查对象年均消费 5647 元，但是也有 44.4% 的人一年休闲消费开支不到 1000 元。

在休闲态度方面，68% 的调查者倾向于认同休闲是社会文明的标志，70.4% 的调查者倾向于认同休闲在生活中必不可少，76.3% 的调查者倾向于认同休闲有益健康，76.2% 的受访者倾向于认同休闲是幸福生活的重要组成部分。

（二）未来的休闲潜力

休闲度假消费取决于有钱和有闲。在休闲度假消费者方面，一些新兴群体的休闲潜力值得关注。

1. 老年休闲市场

2021年5月中国第七次人口普查数据显示，中国60周岁及以上人口有2.64亿，占总人口的18.7%（其中，65岁及以上人口为1.91亿，占总人口的13.5%）。中国是世界上60周岁及以上老年人口最多的国家，其中绝大多数人都有旅游需求。从现在起的20年里，平均每年约增加1000万老年人，到2033年将突破4亿。以休闲旅游为例，老年旅游占市场旅游总额的20%左右，并且呈现需求旺盛、不断攀升的趋势。值得关注的是，伴随中国改革开放成长起来的“60后”，其收入水平和消费观念都与“50后”“40后”有很大不同。伴随这部分群体开始进入退休年龄，这也意味着老年休闲度假消费将不再是低价、麻烦的代名词，与国外发达国家类似，中国未来老年休闲度假的消费频次和水平都将有大幅提升，这也给休闲度假相关产业提供了新的机遇。

2. 亲子休闲市场

家庭休闲是最具增长潜力的休闲度假市场，而影响家庭休闲决策的主要是孩子。携程发布的《2020年中国亲子游消费趋势报告》显示，通过平台下单出游的“80后”父母占比高达41%，“90后”父母紧随其后占比32%，“70后”父母占比20%。在参与亲子游的儿童群体中，0~3岁婴幼儿占比7%，4~6岁学龄前儿童占比13%，有60%的客群集中在7~12岁，以求知与探索为需求的小学生成为亲子游市场主力军。在2020年亲子游主题分布中，主题乐园占比27%，自然风光占比22%，建筑人文占比19%，城市休闲观光占比12%，博物馆占比11%，历史人文占比9%。此外，尽管2020年亲子出游频次由2019年的2.7次下降至2.4次，不过相较于其他主题旅行，亲子游市场恢复程度已经十分可观，尤其是在疫情得到有效控制后，出游需求呈现V字形上涨。亲子休闲已经引起了业界的广泛关注，但在有针对性、差异化的产品供给方面还有很大提升空间。

3. 单身休闲市场

根据民政部的数据，2018年我国单身成年人数量高达2.4亿人，相当于英国、法国、德国人口的总和。在单身人口中独居人口比例高达7700万。从经济发达国家的情况看，单身人口比例上升是一个普遍的趋势，如瑞典的单身人口占比 51%、美国为 45%、日本为 32.4%、韩国为 23.9%。单身人口增多，带来了诸多社会问题，但同时也在无形中形成了一个巨大的单身休闲市场。据《中国宠物行业白皮书》报告，2019 年中国城镇宠物犬猫消费市场规模已经超过 2000 亿元，这其中主要的消费群体就是单身人口。单身群体可支配时间多，追求娱乐至上；单身人口也有更强的社交意愿；同时喜欢定制化和专属于自己或小群体的产品。未来如何满足这部分群体多样化、个性化的需求也是休闲度假行业需要重视的问题。

五、消费市场的恢复

自 2021 年起，休闲度假消费市场开始逐步恢复，总体呈现出较为乐观的复苏态势。

（一）休闲旅游消费市场

根据文化和旅游部公布的 2020 年国内旅游数据显示，2020 年度国内旅游人数 28.79 亿人次，比上年同期减少 30.22 亿人次，下降 52.1%；从国内旅游收入来看，2020 年全年国内旅游收入为 2.23 万亿元，比 2019 年同期减少 3.50 万亿元，下降 61.1%。其中，城镇居民出游花费 1.80 万亿元，下降 62.2%；农村居民出游花费 0.43 万亿元，下降 55.7%。从人均每次出游花费的金额来看，2020 年全年国内旅游人均每次出游花费 774.14 元，比 2019 年同期下降 18.8%。其中，城镇居民人均每次出游花费 870.25 元，下降 18.1%；农村居民人均每次出游花费 530.47 元，下降 16.4%。因为受新冠肺炎疫情的影响，休闲旅游市场遭受了前所未有的重创。

但从 2021 年春节、清明、“五一”的情况看，休闲旅游市场恢复态势好于预期。

据文化和旅游部数据中心测算，2021 年春节假期七天，国内旅游出游合计 2.56 亿人次，同比增长 15.7，恢复至疫情前同期的 75.3%；实现国内旅游收入 3011 亿元，同比增长 8.2%，恢复至疫情前同期的 58.6%。

据文化和旅游部数据中心测算，2021 年清明节国内旅游出游 1.02 亿人次，按可比口径同比增长 144.6%，恢复至疫情前的 94.5%；实现国内旅游收入 271.68 亿元，同比增长 228.9%，恢复至疫情前同期的 56.7%。

据文化和旅游部数据中心测算，2021 年“五一”假期，国内旅游出游 2.3 亿人次，同比增长 119.7%，按可比口径恢复至疫情前同期的 103.2%；实现国内旅游收入 1132.3 亿元，同比增长 138.1%，按可比口径恢复至疫情前同期的 77%。

从文化和旅游部数据中心测算的数据看，目前休闲旅游的人次基本上已经恢复到 2019 年的同期水平，而且三个黄金周期间的恢复情况在逐次改善，这意味着休闲旅游消费的需求依然旺盛，并有望在国内旅游人次上接近或者达到 2019 年的水平；但休闲旅游消费数据离 2019 年同期水平还有较大差距，这一方面是因为短途旅游占了较大份额，另一方面也有 2020 年经济下滑降低居民消费能力的因素。但可喜的是，三个黄金周国内旅游收入的恢复程度总体还是呈上升趋势，这一情况有望在 2021 年的下半年得到进一步改善。

国家与地方层面在旅游统计方式和口径上的差异，造成了黄金周旅游统计数据的不一致。从全国各省的统计数据看，其恢复情况比文化和旅游部数据中心测算的数据恢复情况要好。比如，2021 年“五一”黄金周，排名靠前的四川、江苏、河南、浙江统计的旅游收入汇总数就达到 1274 亿元，比文化和旅游部数据中心测算的国内旅游总收入还要多出 142 亿元，各省“五一”黄金周旅游收入汇总数是国家旅游总收入的 4 倍；各省的数据反映，无论是人数还是收入，基本上达到甚至超过 2019 年的同期水平。

从旅游 OTA 的情况看，来自携程方面的数据显示，携程“五一”黄金周总订单量同比增长约 270%，对比 2019 年同期增幅超过 30%。携程机票单日订单量对比 2019 年同期最高增幅约 28%，这也表明跨省出游的需求正在被释放。这就意味着：如果从各省和平台的数据看，2021 年休闲旅游市场恢复的情况更乐观一些。

（二）休闲文化消费市场

随着统筹疫情防控和经济社会发展成果巩固拓展，2021 年第一季度我国文化及相关产业持续稳定恢复，文化市场回暖迹象明显，文化新业态发展保持强劲势头。据国家统计局针对全国 6.3 万家规模以上文化及相关产业企业的调查，2021 年第一季度，上述企业实现营业收入 25498 亿元，按可比口径计算，比 2020 年同期增长 40.4%；比 2019 年第一季度增长 20.9%，两年平均增长 10.0%。这也在一定程度上反映出，由于不受出游距离的限制，休闲领域的文化产业总体比旅游产业恢复情况更好。

据国家统计局数据，文化各行业恢复势头良好。文化及相关产业 9 个行业营业收入全部实现正增长。其中，创意设计服务、文化消费终端生产、文化传播渠道同比增速高于全国平均水平，分别增长 45.0%、46.2% 和 50.0%，两年平均分别增长 18.9%、11.4% 和 1.3%。

值得关注的是，从文化及相关产业细分行业看，文化新业态特征较为明显的 16 个行业小类（广播电视集成播控，互联网搜索服务，互联网其他信息服务，数字出版，其他文化艺术业，动漫、游戏数字内容服务，互联网游戏服务，多媒体、游戏动漫和数字出版软件开发，增值电信文化服务，其他文化数字内容服务，互联网广告服务，互联网文化娱乐平台，版权和文化软件服务，娱乐用智能无人飞行器制造，可穿戴智能文化设备制造，其他智能文化消费设备制造）实现营业收入 8461 亿元，比 2020 年增长 39.8%，比 2019 年第一季度增长 61.5%。两年平均增长 27.1%，高于全国平均水平 17.1 个百分点。

而由于文化娱乐场所限制人数等原因，受 2020 年疫情影响最严重的文化娱乐服务板块，尽管在 2021 年第一季度实现强势反弹，同比增长 101.8%，恢复至 2019 年同期的 82.5%，但两年平均仍下降 9.2%。但可喜的是，以电影消费为代表的休闲文化消费表现出强劲的反弹势头，国家电影局发布数据显示，2021 年 2 月 11 日除夕至 17 日正月初六，全国电影票房达 78.22 亿元，比

2019年的59.05亿元增长32.5%，再次刷新春节档全国电影票房纪录，同时创造了全球单一市场单日票房、全球单一市场周末票房等多项世界纪录。可以预计，2021年，休闲文化消费市场将全面恢复与振兴，达到甚至超过2019年的消费水平。

（三）休闲体育消费市场

受疫情的影响，休闲体育消费受到一定的抑制，但因其和健康相关，疫情之下一些热点领域的休闲体育消费甚至呈现逆势而上的态势。从市场的情况看，诸多休闲体育领域也有不错的表现。

在体育健身器材领域，2021年1月20~25日，淘宝、天猫、闲鱼平台上的健身类商品成交额环比上涨968%，成交人数上涨783%；其中，家用单杠、跳绳、健身踏板等居家健身器械成交额同比上涨超100%。据商务大数据监测显示，“2021全国网上年货节”启动前10天，体育器材类产品中，跳绳、拉力器、哑铃等宅家便捷健身器材同比分别增长351.1%、91.9%和78.9%，这既展示了体育消费的潜力，也展现了家庭健身的新诉求和新方向。

在线上运动领域，有数据显示，疫情发生初期的2020年2月，运动健身App行业活跃用户规模快速上涨至8928万，同比增长了93.3%。据Keep运动研究院相关数据显示，截至2021年3月，Keep的注册用户达到3亿，日活用户600万。2021年春节，Keep活跃用户量相比去年同期提升46%，有20.5万人坚持春节期间每天使用该软件，用户平均每次的运动时长为22分钟。据悦跑圈的数据，其注册用户达1.1亿，日活用户220万，其中初级跑者数量占79.99%。此外，在疫情期间，咕咚、薄荷、糖豆广场舞、小米运动等运动健身类App，用户下载量及日活量也都呈现迅猛增长之势。

在户外运动领域，疫情催生了民众户外运动的热情。仅以户外运动装备为例，2021年春季，在知名运动品牌迪卡侬的热销产品排行榜中，登山、露营、跑步、骑行运动占据前四的排名。其中，露营产品销售势头甚至赶超2019年同期。春节期间，露营销售较2020年增长近500%，也超过了2019年的同期销量；用于收纳的移动露营小推车销售增长高达2000%。在2021年以前，迪卡侬户外运动产品中服装占40%~50%，鞋类约占10%，背包和附件类产品约占15%，露营产品占10%~15%。但从2021年开年至今的数据来看，露营类产品的销售占比上升至35%~40%，已经出现和服装类产品平分秋色的趋势。

六、业态类型的丰富

伴随后疫情时代休闲度假产业的恢复，一些休闲度假业态也正在成为消费热点，同时不少业态也将成为未来休闲度假产业发展重要的增长领域。

（一）冰雪旅游

受新冠肺炎疫情的影响，2019—2020年雪季，中国冰雪旅游人数同比减少约1.3亿人次，冰雪旅游收入同比损失约2400亿元（中国旅游研究院数据），但伴随2022年北京冬奥会的临近和疫情的缓解，冰雪旅游越发成为休闲度假消费的热点。从政策层面看，2020年8月，黑龙江省人民政府发布了《冰雪旅游产业发展规划（2020—2030年）》，提出了建设冰雪经济强省和全国首选冰雪旅游目的地的目标。2021年2月，文化和旅游部、国家发展改革委、国家体育总局发布《冰雪旅游发展行动计划（2021—2023年）》，提出"到2023年，推动冰雪旅游形成较为合理的空间布局和较为均衡的产业结构，助力2022北京冬奥会和实现'带动三亿人参与冰雪运动'目标。冰雪旅游市场健康快速发展，打造一批高品质的冰雪主题旅游度假区，推出一批滑雪旅游度假地，冰雪旅游参与人数大幅增加，消费规模明显扩大，对扩内需贡献不断提升。促进冰雪旅游发展同自然景观和谐相融"。从市场反馈情况看，2021年的雪季，冰雪旅游增长迅速。以陕西文化产业投资控股（集团）有限公司旗下的铜川照金国际滑雪场为例，其客流量和营业收入相比2019年均增长了近50%。未来，在完善冰雪旅游产业链、创新冰雪旅游产品、优化冰雪旅游布局、培育冰雪旅游习惯方面，还有巨大的改善空间。

（二）文化演出

随着疫情的缓解，演出场所人流限制的取消，文化演出迅速复苏，成为休闲度假市场的一大亮点。根据中国演出行业协会统计，2021 年“五一”假期，全国演出场次约 1.4 万场；演出票房收入 8.6 亿元，按可比口径恢复至 2019 年同期的 73%；观演人数超过 600 万人次，其中，旅游演艺观演人数占 40% 以上，音乐节、演唱会观演人数占 12%。以宋城演艺为例，2021 年 4 月 29 日，上海宋城开业，除了《上海千古情》之外，还配置了 High 秀《颜色》、丽影秀《S 秀》、带餐秀《热情桑巴》、亲子秀《Wa! 恐龙》等新的演艺业态。2021 年“五一”黄金周，全国 11 大宋城主秀演出 251 场，比 2019 年同期增加 88 场；总接待游客 165 万人次，比 2019 年同期增长 35.45%；营业收入 1.5 亿元，比 2019 年同比增长 42.71%。户外音乐节受到年轻人的追捧，参加音乐节成为主流度假方式。据携程社区数据，2021 年 4 月 1~20 日，关键词“音乐节”搜索量环比提升近 1 倍，对比 2019 年同期也有近 5 成提升。此外，“演出阵容”“草莓音乐节”“巴士”等关键词搜索量有超过 3 成增长。“五一”假期，全国各地举办音乐节近 30 个，演出场次超过 80 场，涵盖流行、摇滚、说唱等多种曲风，覆盖亲子、体验、休闲等多种模式。其中，仅摩登天空就在北京、南京、上海、武汉及海南万宁、陵水等地举办了 6 场大型音乐节，带动出游人次超过 15 万。2021 云台山音乐节、山东向阳花音乐节、滨州迷笛音乐节、济南迷笛音乐节、怀仁 Call Me 电音节、南京草莓音乐节、常州太湖湾音乐节、苏州流行金曲嘉年华、海南万宁音乐节、小草莓亲子音乐节、海口 S20 泼水音乐节等受到年轻客群的极大欢迎，像在苏州举办的《山河令》等主题演唱会更是一票难求。除此之外，亲子儿童剧、红色主题剧、传统戏曲都在节假日成为民众追捧的消费热点。

（三）旅游景区

尽管 2020 年受新冠肺炎疫情影响，旅游景区人数和收入大幅下降，但作为传统休闲度假的主要吸引物，旅游景区任何时候都会有很大的客群规模。值得注意的是，在旅游景区的发展中，结构性的变化开始出现，一些度假特征更为鲜明的旅游景区在后疫情时代赢得了更多的发展机会。根据携程提供的数据，2021 年 1 月 1 日至 5 月 5 日，其旅游景区订票量排名分别为：上海迪士尼度假区、西安城墙、隋唐城遗址植物园、龙门石窟、河南博物院、中国国花园、黄鹤楼、上海海昌海洋公园、北京野生动物园、南京总统府、瘦西湖、成都大熊猫繁育研究基地、恭王府、深圳野生动物园、拙政园、红山森林动物园、华山、东方明珠、清明上河园、故宫。这其中偏家庭休闲、城市休闲的旅游景区占了很大比例。2021 年“五一”黄金周期间，携程数据反映的前十位旅游景区如下：

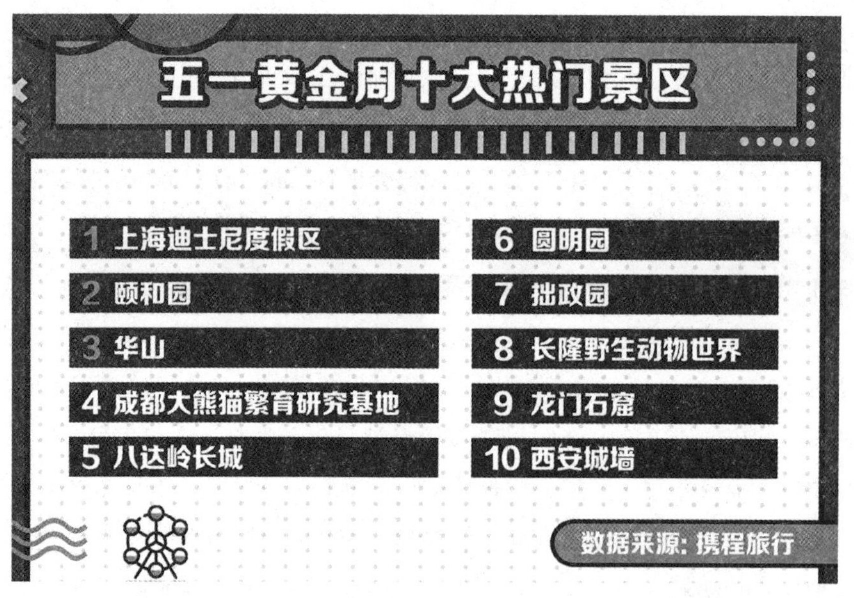

值得关注的是“80 后”群体“五一”期间偏爱的热门景区榜单前 10 中，有 6 席为主题乐园类景区，分别为上海迪士尼度假区、上海海昌海洋公园、长隆野生动物世界、珠海长隆海洋王国、北京欢乐谷、中华恐龙园，这也意味着以亲子游为主要目标市场的主题乐园对于主力消费人群有很强的吸引力。

（四）度假酒店

度假酒店是休闲度假产业发展的主要内容。后疫情时代，一些高品质的度假酒店快速复苏，成为城市中高收入群体休闲度假的主要选择。据携程 2021 年的春节数据，包含酒店特色餐饮、SPA、体验活动的日常套餐销售有两位数增长，2020 年携程直播和特卖频道累计贡献交易额约 50 亿元。这其中，配备高品质亲子乐园、特色餐厅、温泉、泳池等服务的度假型酒店备受欢迎。而从携程 2021 年“五一”黄金周酒店订单数据看，排名前 10 的酒店分别为湖州龙之梦动物世界大酒店、湖州太湖龙之梦钻石酒店、无锡拈花湾拈花客栈、惠州双月湾檀悦都喜天丽度假酒店、长隆横琴湾酒店（珠海长隆旗舰店）、珠海长隆海洋科学酒店、珠海长隆企鹅酒店、惠州双月湾檀悦豪生温泉度假酒店、上海金茂君悦大酒店、长隆酒店（广州长隆野生动物世界店），基本是较高品质的度假型酒店。

（五）自驾车旅游

在疫情之下，自驾车旅游因其安全、便利，正在成为越来越多民众出游的主要选择。据中国旅游车船协会发布的《中国自驾车、旅居车与露营旅游发展报告（2020—2021）》，2020 年全国自驾游占国内出游的比重为 77.8%，全国自驾游规模已经达到 22.4 亿人次，自驾游已经成为国民休闲出游的主要形式。另外，根据携程租车的数据，2021 年春节，在国家倡导就地过年的大环境下，租车本地用车需求呈上涨趋势，本地流量占比从疫情前的 20% 上涨至 45%；租车本地出行订单与 2019 年春节相比增长 82%；春节租车消费也持续增长，长假平均花费超过 1700 元。在清明期间，携程的自驾租车预订量对比 2019 年增长 155%。2021 年“五一”租车市场迎来一轮爆发，对比 2019 年同期，携程租车单日订单量最高增幅约 330%。值得关注的是，在“五一”期间的租车出游以跨省长线游为主，约七成人群选择跨省游。携程预订 5 月 1 日旅行的租车订单达到 126%。与同期相比，2019 年的增长，其中近 90% 是跨省需求，以甘肃、青海为代表的大西北租车订单量呈现增长趋势，甘肃增长了 318%。

七、空间区域的拓展

后疫情时代，休闲度假产业在城市和乡村以不同特点方式、不同演化路径拓展。

（一）城市休闲

城市既是重要的休闲客源市场，也是重要的休闲消费市场，同时也成为政府推动休闲发展的重点领域。在文化和旅游休闲领域，2020 年 12 月，文化和旅游部、国家发展改革委、财政部公布了第一批 15 个国家文化和旅游消费示范城市、60 个国家文化和旅游消费试点城市。围绕文化和旅游消费示范、试点，廊坊将文化场馆打造为旅游目的地，优化文化和旅游消费场景。成都市以满足游客和市民日益增长的需求为导向，以夜间经济、周末经济等为引擎，以多极多点文化消费活动为支撑，以“文化旅游 +”和“文化旅游融合 +”为核心促进休闲文化旅游消费。上海市徐汇区围绕“上海文化”“上海购物”品牌建设，积极发挥“首发”“首店”效应，吸引国内和国际优秀文化和旅游节庆活动、品牌项目入驻，不断营造消费新热点。北京市东城区围绕“故宫以东”品牌，按照 IP 化运营的方式，挖掘品牌内涵，拓展品牌在商业领域的延展和应用，促进文化和旅游消费落地。2021 年 5 月，文化和旅游部评选出温州和济南两个东亚文化之都。“东亚文化之都”是落实中日韩文化部长会议成果，加强对外文化和旅游工作的工作载体，也是配合国家“一带一路”倡议的具体举措，同时也为城市文化旅游休闲活动开辟了广阔的空间。该项工作自 2012 年启动以来，日本和韩国各有 8 个城市入选，中国的泉州、青岛、宁波、长沙、哈尔滨、西安、扬州、绍兴、敦煌 9 座城市获此荣誉。在体育休闲领域，2020 年 8 月 25 日国家体育总局公布了首批 40 个国家体育消费试点城市，拟在推动体育消费机制创新、政策创新、模式创新、产品创新方面为促进体育消费探索更多经验、做出更大贡献。

从市场端反馈的情况看，休闲度假目的地也出现一些新的变化。根据携程平台的数据，2021 年 1 月 1 日至 5 月 5 日，全国休闲目的地接待量排名前 10 的依次是北京、桂林、重庆、张家界、西安、杭州、三亚、厦门、阿坝和贵阳，2021 年“五一”黄金周十大热门旅游城市分别为北京、上海、广州、杭州、成都、西安、南京、重庆、武汉、长沙。此外，携程提供的数据显示：一些新兴休闲目的地也在后疫情时代得到快速发展，一些远离主要客源市场的旅游目的地也得以快速发展。休闲目的地游客增长速度指数如表 6 所示。休闲旅游消费力城市排名如表 7 所示。

表 6　休闲目的地游客增长速度指数（“黑马”指数）

按增长率降序排列 TOP10（环比 2019）

1	黑龙江	244.5%
2	辽宁	207.4%
3	西藏	129.6%
4	河北	120.2%
5	甘肃	80.8%
6	宁夏	63.0%
7	内蒙古	54.6%
8	北京	48.9%
9	重庆	48.4%
10	陕西	46.0%

表 7　休闲旅游消费力城市排名（人均消费）

目的地	人均消费（元）
海南	4017.617
西藏	3829.727
新疆	3797.829

续表

目的地	人均消费（元）
云南	2305.012
青海	2280.581
内蒙古	2250.821
甘肃	2016.939
宁夏	1937.526
贵州	1809.031
上海	1769.94

在城市休闲领域，值得关注的还有一些新的休闲消费业态因为成为“网红”而出圈。比如，文和友正在成为游客到湖南长沙餐饮的首选地。2021年“五一”假期，长沙成为最受小红书网友欢迎的城市，茶颜悦色则成为长沙最受欢迎的打卡地。小红书数据显示，2021年“五一”期间，小红书上长沙相关笔记数量比上一年同期增长近3.9倍。而身处长沙的小红书用户，搜索最多的内容是“茶颜悦色”，搜索量远超其他关键词。此外，休闲街区的发展也成为推动城市休闲发展的支撑业态。2020年12月，国家十四五规划建议稿明确提出，打造文化特色鲜明的国家级旅游休闲街区。2021年1月，文化和旅游部发布《旅游休闲街区等级划分》（LB/T 082—2021）行业标准。可以预见未来一段时间，休闲街区将成为各地推动城市休闲发展的一大重点。

（二）乡村度假

疫情之下，乡村度假因为相对开敞、密度较低，正在成为城市居民重要的休闲度假方式；特别是在中长距离旅游受限的情况下，乡村度假更是成为短距离休闲度假的重要选择。据全国乡村旅游监测中心测算，2021年第一季度，全国乡村旅游接待总人数为9.84亿人次，比2019年同期增长5.2%，全国乡村旅游总收入3898亿元，比2019年同期增长2.1%。总体看来，乡村度假比旅游业恢复情况更好。

从长远发展看，2021 年 4 月 29 日，十三届全国人大常委会第二十八次会议表决通过《中华人民共和国乡村振兴促进法》，其中明确规定，各级政府应当发挥农村资源和生态优势，支持红色旅游、乡村旅游、休闲农业等乡村产业发展，支持休闲农业和乡村旅游重点村镇等建设，这也意味着推行乡村度假业态发展将成为国家长期坚持的方向。2021 年 5 月，文化和旅游部、国家发展改革委推出“体验脱贫成就・助力乡村振兴”乡村旅游学习体验线路 300 条，将红色文化资源与绿色生态资源相结合，推动乡村旅游向深度和广度发展。

值得注意的是，土地问题正在成为影响乡村度假发展的主要因素。之前各地整治“大棚房”极大地挫伤了乡村度假投资商的积极性。这一问题也正在引起有关方面的关注。2021 年中央一号文件就明确要求，“根据乡村休闲观光等产业分散布局的实际需要，探索灵活多样的供地新方式”。

2021 年 1 月 28 日，自然资源部、国家发展改革委和农业农村部出台《关于保障和规范农村一二三产业融合发展用地的通知》，明确提出“利用农村本地资源开展农产品初加工、发展休闲观光旅游而必需的配套设施建设，可在不占用永久基本农田和生态保护红线、不突破国土空间规划建设用地指标等约束条件、不破坏生态环境和乡村风貌的前提下，在村庄建设边界外安排少量建设用地，实行比例和面积控制，并依法办理农用地转用审批和供地手续。具体用地准入条件、退出条件等由各省（区、市）制定，并可根据休闲观光等产业的业态特点和地方实际探索供地新方式”。“在符合国土空间规划前提下，鼓励对依法登记的宅基地等农村建设用地进行复合利用，发展乡村民宿、农产品初加工、电子商务等农村产业。”

2020 年新颁发的《土地管理法》明确鼓励建立农村集体经营性建设用地入市。2020 年 10 月 29 日，舟山花镜地旅游开发有限公司以 624.4 万元总价，竞得 15.6 亩（40 万元 / 亩）的普陀区展茅上潘孙村级集体建设用地 40 年经营权，用于开发普陀田园综合体配套商服设施。未来，随着农村土地政策的进一步优化，乡村度假有望在乡村振兴的大战略下迎来新的发展。

八、休闲度假发展的展望

展望从2021年起到未来的一段时间，中国休闲度假产业发展将发生一系列新的变化和趋势，值得引起关注。

（一）休闲度假意识的“强化”

休闲度假意识涉及消费需求者、商业供给者和政策制定者。从发达国家走过的历程看，伴随经济社会的发展，民众休闲度假意识的增强是必然趋势。伴随经济的崛起和思想观念的更新，中国国民已经不再把劳动作为生活的唯一选择，特别是“80后”“90后”“00后”在工作之余，更关注生活的质量，更关注挣钱和休闲的平衡协调，这些意识的形成和强化将推动国民消费观念的转变，进而促进休闲度假产业的发展。伴随社会休闲度假氛围的形成，越来越多的企业投入到休闲度假产业供应中来；越来越多的商业供给者一方面主动满足传统的休闲度假需求，同时也能够不断创新休闲度假新产品、新业态，主动激发和引领新的休闲度假需求。供需双方的呼应，将进一步激发休闲度假产业的加快发展。

与此同时，基于满足人民群众美好生活新需要的职责和激发消费发展经济的要求，政府将出台更多有利于休闲度假产业发展的政策。比如，在《国民旅游休闲纲要（2013—2020）》到期后，“十四五”期间，国家出台实施《国民休闲纲要（2021—2035年）》，这也将和中国2035年经济社会发展远景目标结合起来，成为国家发展的有机组成部分。可以预见，国民、企业和政府休闲意识的“强化”，将有助于加快形成休闲度假产业发展的合力，促进休闲度假产业迈上新的台阶。

（二）休闲度假市场的“内化”

尽管目前休闲度假市场恢复和形势不错，民众休闲度假的现实和潜在需求都很强烈，但是疫情的走势依然是影响休闲度假产业发展的“达摩克利斯之剑”。从国外疫情走势看，进入2021年第二季度，印度新冠肺炎疫情大规模暴发，感染人数最高达到每天40万人，考虑到印度巨大的人口规模和较弱防疫能力，失控的印度疫情将给包括中国在内的全球新冠肺炎疫情防控工作带来巨大的压力；此外，日本以及欧美的疫情走势也不容乐观，这意味着我国“外防输入”的压力依然很大。尽管泰国、希腊等国尝试通过向外国游客开放以启动国际旅游市场，但只要没有真正形成全球免疫，在一两年内全球国际旅游业的真正复苏都不太可能。对中国而言，一方面，国外疫情的蔓延必将影响我国的入境旅游业和出境旅游业恢复，这对于主要经营国际旅游业的旅行社和OTA将造成极大的冲击，未来一两年的“歇业”将是大概率事件。另一方面，国外疫情将使每年超过1万亿元出境游的国际需求国内化，这也将推动休闲度假市场的“内化”。

此外，尽管我国疫情总体得到控制，但进入2021年以来，因境外病例输入，北京顺义、河北石家庄、云南瑞丽先后发生区域性疫情；在“五一”之后，安徽六安、辽宁营口等地再次发生零星疫情。这也意味着小规模疫情很可能成为未来一两年的常态。考虑到我国已经形成了高效的疫情防控体系，未来在国内暴发大规模疫情的可能性不大。根据疫情走势，休闲度假产业的全面恢复振兴依然面临一些不确定因素。伴随休闲度假市场的“内化”，中短距离的休闲度假依然会在休闲度假产业发展中继续扮演重要角色。

（三）休闲度假消费的“分化”

休闲度假消费的分化主要体现在区域和人群两个方面。根据携程的数据，2021年（1月1日至5月5日）休闲度假人均消费指数在1300元以上，但是不同目的地差异较大。总体来看，无论从需求还是供给，经济发达的东部地区以及中西部经济发达的城市依然是休闲度假热点区域。

而从人群看休闲度假消费的“分化”更为明显。一方面，受经济下行的影响，中低收入群体可用于休闲度假的支出有所减少；另一方面，民众对大众化休闲度假产品价格的高敏感性，加剧了休闲度假产业的竞争。据美团提供的信息，尽管消费次数在增多，但是其平台上休闲度假类产品的单价却在下降。高频次、低单价的状况也使得当下休闲度假行业“旺丁不旺财”的现象比较突出。与此相对的是，主要面向中高消费群体的高品质休闲度假产品却在一定时期出现短缺。比如，北、上、广等城市周边高品质的休闲度假产品在周末或节假日基本上处于“供不应求”的状况。根据携程提供的数据，2021 年“五一”期间，高星级酒店的订单占比近 4 成，滨海度假酒店、市郊度假酒店以及主题乐园酒店成为消费者的主要选择。而携程面向中高端市场的私家团在 2021 年“五一”假期中也是表现不俗，订单量对比 2019 年同期增长约 230%。未来，高品质休闲度假市场将成为企业关注和竞争的主要领域，这也将催生更多高品质、个性化的休闲度假产品出现。

（四）休闲度假选择的“去中心化”

休闲度假选择的多样化促进了休闲度假供给的多元化，在这个过程中，过去的非主流正在成为新主流，进而呈现出“去中心化”的特征。在休闲度假目的地的选择上，传统的目的地依然受到追捧，但是一些新兴的目的地正在脱颖而出。根据携程的数据，在 2021 年“五一”黄金周期间，除了成都、杭州、上海、北京等主流目的地继续火爆之外，对比 2019 年和 2021 年订单量 100 强城市来看，荆州、连云港、汕头、湖州、大同、洛阳、淮安、张家界、济宁、日照入围 2021 年“五一”黄金周增速最快的目的地城市。

在休闲度假内容的选择上，传统的旅游景区不再成为新生代关注的热点。根据携程的数据，2021 年“五一”黄金周，“00 后”的关键词搜索中，“小吃”“夜市”“奶茶”“打卡”“地标建筑”位列热度前 5。伴随 Z 世代正在成为休闲度假市场消费的主体，其对休闲度假方式的选择将对休闲度假产业供给产生不小的影响。根据携程 2021 年 1 月 1 日至 5 月 5 日的数据，其平台订单量上滑雪、户外、深度人文等产品的销售额比 2019 年同期都出现了倍数的增长，这意味着越来越多的消费者正在从追求好看更多转向好玩，正在从走马观花转向深度体验。

携程主题游玩法排行榜如图 1 所示。

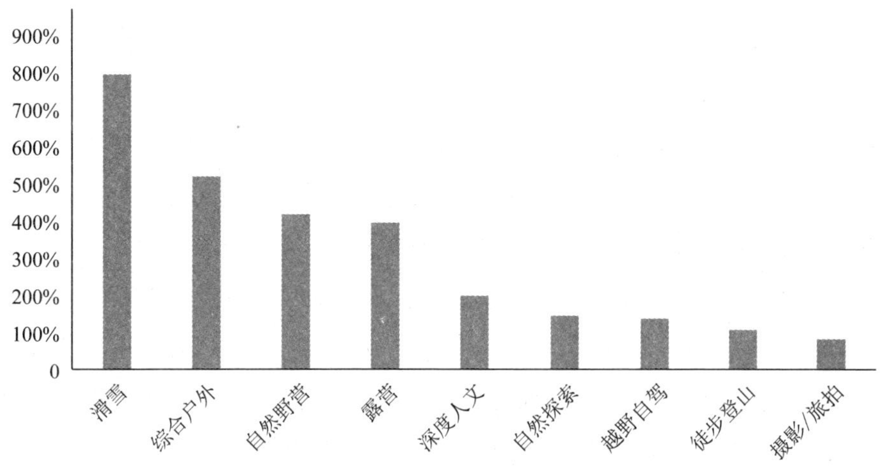

图 1　携程主题游玩法排行榜

未来，能不能有效促进潮流、有趣、时尚、多元的休闲度假业态发展将成为关系休闲度假目的地竞争力的关键所在。

（五）休闲度假运营的“品牌化”

目前来看，我国休闲度假的品牌集中度总体不高。也正是在这一背景下，依托互联网和大数据的优势，一些具有竞争力的休闲度假企业正在尝试以品牌为载体，围绕细分领域，通过开发增量资源或整合存量资源，不断提升更加专业化的服务能力。

在休闲度假综合体领域，华侨城继成功打造出可推广复制的欢乐谷品牌之后，正在尝试打造城市休闲商业品牌“欢乐海岸”和乡村休闲度假品牌“欢乐田园”。其在深圳和顺德等地落户的“欢乐海岸”，正在成为城市休闲消费的新热点；其在成都黄龙溪开发的“欢乐田园”项目，在 2020 年疫情期间也实现了游客接待量 30% 以上的增长，目前华侨城正在陕西杨凌示范区推广“欢乐田园”模式。祥源集团则在旅游景区方面不断发力，通过不断收购老景区改造和开发新景区逐渐形成在旅游景区领域的核心竞争力。

在旅游酒店领域，创立于 2005 年的华住集团截至 2020 年年底已经拥有 6789 家酒店，客房数量超 65 万间，会员数量超 1 亿人。国际酒店巨头万豪集团则加大了其在度假酒店品牌方面的投入，因为自 2020 年 4 月，万豪在中国区酒店 80% 的业务来自休闲度假。2020 年 12 月，中国旅游集团投资运营有限责任公司则对开元集团的森泊度假酒店乐园项目投资 3.91 亿元（占股 34%），致力于加快推动森泊度假酒店品牌在全国落地。

此外，在亲子游领域，季高集团以上海的兔窝窝亲子园为依托，正在推动亲子无动力乐园在全国的布局。在休闲木屋领域，圣东旅居依托其自休闲木屋等领域的核心技术，积极推动品牌输出。在休闲露营领域，途居露营、蜗窝露营、318 汽车露营地等也在尝试通过连锁经营形成规模效应。

（六）休闲度假发展的“科技化”

受国内外环境的变化，国家层面更加重视科技进步。中央经济工作会议确定的 2021 年八项重大任务中，第一项就是“强化国家战略科技力量”。休闲度假不是原发科技的产生地，但却可以成为现代科技应用的重要领域。比如，自动驾驶技术，在社会道路上广泛使用之前，大可在旅游景区提前应用；再如，虚拟现实技术，在大规模进入家庭之前，可以在丰富休闲度假体验中进行尝试。

“十四五”期间，数字文化、“互联网 + 旅游”、线上线下体育融合等将成为政府推动休闲度假科技化的重点领域。而伴随 5G、大数据、人工智能、区块链等技术的加快发展，这些技术将在丰富休闲度假体验、增加休闲度假消费、提高休闲度假服务效率、优化休闲度假管理和治理等方面发挥更大的作用；而科技进步也将创造出更为丰富的休闲度假消费场景，提升休闲度假消费的便利度，进而为促进休闲度假加快发展提供新的动力。

本报告由中国旅游协会休闲度假分会主持编写，携程集团提供数据。

报告执笔人：曾博伟博士。

蓝皮

宣言篇06

2021 中国休闲度假大会·东营宣言

中国旅游协会休闲度假分会副秘书长　陈　瑶

2021 年，全球新冠肺炎疫情尚在肆虐，国际社会冲突加剧。与此同时，中国抗击新冠肺炎疫情取得重大战略性成果，我们正式进入“十四五”开局之年，全面开启了实现中华民族伟大复兴第二个百年目标的历史新征程。我们充满信心：人类最终必将战胜新冠肺炎疫情，和平与发展依然是世界的主旋律，人类前途依旧光明。我们深刻思考：休闲度假在深化生态文明建设、推动经济高质量发展、传承中华优秀传统文化、构建更加和谐的中国社会中的意义、角色和行动。

我们来自中国各地休闲度假领域的管理者、投资者、运营者、研究者于 2021 年 5 月 26 日齐聚新兴休闲度假城市中国山东东营市，以“休闲内循环，文旅大循环”为主题，就“十四五”期间，休闲与生态、休闲与文化、休闲与市场、休闲与社会、休闲与科技等一系列重要问题进行了广泛而深入的交流。本着助力全面开创“十四五”中国休闲度假产业新局面，深入推动休闲度假产业高质量发展，我们特发出如下宣言：

——以生态为基，夯实绿色休闲度假产业。立足人与自然命运共同体的核心理念，全面满足人们对简单、朴素、低碳休闲方式的生态追求，以生态为基石，推广符合生态道德的绿色休闲生活方式，打造“人与自然和谐共生、命运一体”的绿色可持续休闲度假产业，为生态文明建设提供强大支撑，为 2035 年美丽中国、健康中国建设目标的基本实现贡献重要力量。

——以文化为魂，引领特色休闲度假产业。以践行社会主义核心价值观为灵魂，充分彰显文化在休闲度假产业中的凝神聚力作用，创造性转化和创新性发展推动中华优秀传统文化、革命文化、红色文化、社会主义先进文化在休闲度假产业中的开发应用，打造富有文化底蕴、文化特色鲜明的休闲度假产业，为推动国民素质和社会文明程度达到新高度，建设中华民族精神家园、社会主义文化强国奠定坚实基础。

——以人民为本，谋划幸福休闲度假产业。坚持以人民为中心的发展思想，始终把人民利益放在最重要位置，创新实施休闲惠民工程，推动休闲富民、休闲就业、休闲创业。准确把握人民群众对休闲度假产业需求的新特征、新趋势，推出更多不断满足人民对美好生活新需求的休闲度假产品，不断增强人民的休闲获得感、休闲幸福感，打造以民为本的休闲度假产业，为人民休闲生活更加美好构建有效路径。

——以市场为根，打造现代休闲度假产业。充分发挥休闲度假产业国内市场巨大、市场开放度高的优势，以扩大内需为支点，加大市场开发力度，培育新型休闲度假消费形态，努力改善休闲度假产品供给品质，规范市场秩序，壮大国内休闲度假市场，形成“挖掘休闲内循环，推进文旅大循环，推动国内国际双循环”的“十四五”休闲度假产业发展新格局。

——以质量为准，构建品质休闲度假产业。完善引导休闲发展的顶层设计，以内涵式发展为导向，推进休闲产业供给侧和需求侧改革，完善相关休闲制度，有效增加休闲设施和休闲公共投入，打造多元化的休闲度假设施与品牌，建设一批富有文化底蕴的世界级度假区，打造一批文化特色鲜明的国家级旅游休闲城市和街区，增强人民高品质休闲的获得感。

——以科技为力，驱动智慧休闲度假产业。提高休闲度假服务的科技化水平，促进各类新技术在休闲领域的广泛运用。深入推动“数字科技＋休闲度假”，紧密把握新型基础设施建设和数字社会、数字政府建设机遇，加快推进休闲度假产业的数字化、网络化、智能化。加强休闲度假产业信息基础设施建设，提升休闲度假产品服务、企业治理等数字化、智慧化水平。支持智慧休闲城市和智慧度假区建设，开发智能化休闲度假服务系统，推进预约、错峰、限量常态化，提高管理效能。

“敢为天下闲！”“我闲故我在！”让我们把握休闲的使命、发挥休闲的力量、提升休闲的品质、创造休闲的价值、体验休闲的美好，同心协力、全力以赴开创“十四五”休闲度假产业的全新未来！

项目策划： 段向民
责任编辑： 段向民　武　洋
责任印制： 孙颖慧
封面设计： 武爱听

图书在版编目（CIP）数据

中国休闲度假大会蓝皮书. 2021 / 中国旅游协会休闲度假分会主编. -- 北京 : 中国旅游出版社, 2021.11
（中国旅游蓝皮书系列. 中国旅游协会休闲度假分会精品文丛）
ISBN 978-7-5032-6829-8

Ⅰ. ①中… Ⅱ. ①中… Ⅲ. ①旅游业发展－研究报告－中国－2021 Ⅳ. ①F592.3

中国版本图书馆CIP数据核字(2021)第212086号

书　　名： 中国休闲度假大会蓝皮书（2021）

作　　者： 中国旅游协会休闲度假分会　主编
出版发行： 中国旅游出版社
（北京静安东里6号　邮编：100028）
http://www.cttp.net.cn　E-mail:cttp@mct.gov.cn
营销中心电话：010-57377108，010-57377109
读者服务部电话：010-57377151
排　　版： 北京旅教文化传播有限公司
经　　销： 全国各地新华书店
印　　刷： 北京明恒达印务有限公司
版　　次： 2021年11月第1版　2021年11月第1次印刷
开　　本： 720毫米 × 970毫米　1/16
印　　张： 9
字　　数： 141千
定　　价： 59.80元
ISBN 978-7-5032-6829-8